校名师丛书

教师如何远离亚健康

姜春福 编著

北京出版集团公司
北京教育出版社

图书在版编目（CIP）数据

教师如何远离亚健康 / 姜春福编著. — 北京 : 北京教育出版社, 2020.1
（名校名师丛书）
ISBN 978-7-5704-0409-4

Ⅰ. ①教… Ⅱ. ①姜… Ⅲ. ①教师—保健—研究
Ⅳ. ① G478.2

中国版本图书馆 CIP 数据核字 (2018) 第 146115 号

名校名师丛书
教师如何远离亚健康
姜春福 编著

*

北京出版集团公司
北京教育出版社 出版
（北京北三环中路 6 号）
邮政编码：100120
网址：www.bph.com.cn
北京出版集团公司总发行
全国各地书店经销
天津兴湘印务有限公司印刷

*

710×1000　16 开本　16 印张　204 千字
2020 年 1 月第 1 版　2020 年 1 月第 1 次印刷

ISBN 978-7-5704-0409-4
定价：46.00 元

质量监督电话：（010）58572393　58572817　58572750

目　录

写给老师的话

会享受生活，就要把自己看成是一个有血有肉、有情有义的人，就不会把自己看作只是凄苦燃烧、耗尽最后一滴泪的蜡烛，只是蠕动着躯壳、痛楚地抽完最后一根丝的春蚕。这样才能追求快乐的教育，才能享受教育的快乐！

会享受生活，就要关注丰富多彩的生活，就要感受生活的斑斓、时代的风云，就不会只是循环于教室——办公室——宿舍的运行轨迹。月光的朦胧、泉水的叮咚、交响乐的优雅、足球场的呐喊……就会融进你的生命！

会享受生活，要学会思考。老师不能做机械的操作工，要力求主动地、创新地工作。“捧着一颗心来”，“捧”来的应该是激情、理想；“不带半根草去”，无用的杂草“带”去有什么用！带着丰富的感受，带着沉甸甸的思索才有价值。

会享受生活，就要珍惜自己、善待自己、敬畏生命，用生活点燃生命，力求自己“生如夏花之绚烂，死如秋叶之静美”。

会享受生活，能还给学生真实的生活，才能培养学生“面对一丛野菊花而怦然心动的情怀”；会呵护孩子的情感，能关爱孩子的生命；你关注的目光才会在孩子的心灵中升起灿烂的太阳！

美好的生活属于每个人。老师，用你的热情、用你的快乐亲切地拥抱生活吧！让我们一起走近健康！

第一章　解读亚健康

健康是人类追求和探索的永恒主题，也是人类最宝贵的财富之一。人人享有卫生保健是全球永恒的目标，“健康为人人”，“人人为健康”，人人贡献，人人参与。21 世纪是一个追求心理、生理、社会、环境完全健康的时代。那么究竟什么是健康呢？怎样认识健康呢？下面就让我们一起走近健康。

世界卫生组织(WTO)成立时,在宪章中对健康的定义是:“健康是身体上、心理上和社会适应等方面完美的状态,而不仅仅是没有疾病和不虚弱。”

真正的健康应当包括以下所示的四个方面。

类别	健康标准
身体健康	无病、无伤、无残及良好的体质和体能等
心理健康	人格完整、情绪稳定、自尊、自信、自爱、自知等
社会适应	生理、心理活动行为能适应当时、当地错综复杂的环境变化等
道德健康	不损害国家、集体和他人的利益;能辨别善恶、真伪、荣辱等

现代的健康概念应包含上述生理、心理、道德和社会适应四个层次。凡是能全部达到的人必然是以下“健康十条”的达标者。那么,您又做到了几条呢?

1.精力充沛,能从容不迫地承担日常生活和工作的压力而不感到过分紧张。

2.处世乐观,态度积极,乐于承担责任,事无巨细,不挑剔。

3.善于休息,睡眠良好,不易疲劳。

4.应变能力强,能适应环境的各种变化。

5.能够抵御感冒和一般疾病。

6.体重适当,身材匀称,站立时头、肩、臀位置协调。

7.眼睛明亮,反应敏锐,眼睑不发炎。

8.牙齿清洁,无龋齿,不疼痛,牙龈颜色正常,无出血现象。

9.头发有光泽,无头屑。

10.肌肉丰满,皮肤有弹性,走路、上下楼梯轻松有劲。

第一节　亚健康的内涵

世界卫生组织一项全球性调查结果表明，现代社会中完全符合“健康十条”的人群仅占人口总数的15%，学者们称这些健康人处于“第一状态”；被确诊患有疾病属于不健康的人群也占15%左右，学者称之处于“第二状态”；而介于健康和疾病之间的人群占70%，既处于非疾病也非健康的状态，就是“第三状态”。这个“第三状态”，就是人们常说的“亚健康状态”，也叫“亚健康”。亚健康是一种动态过程，不会停留在原有状态中。它向着两个方向转变，其一是向疾病状态转化，这是自发的；其二是向健康状态转化，这是需要自觉的，即需要付出代价与努力。这就是说亚健康是可逆的，通过努力可回归健康。

目前认定，躯体上和心理上的不适应感觉，均可以概括为亚健康。衰老、疲劳综合征、神经衰弱、更年期综合征及重病、慢性病的恢复期，均属于亚健康状态范畴。亚健康状态的范畴具体包括下面几点：

1.泛指心身上不适感觉所反映出来的种种症状，在相当长时期内往往难以确诊的状况。

2.某些疾病的临床前期表现，如已有心血管、脑血管、呼吸系统、消化系统和某些代谢性疾病的症状，而未形成明显的病理改变。

3.一时难以明确其临床病理意义的“症”或“征”，如疲劳综合征、神经衰弱症、忧郁症、更年期综合征等。

4.某些重病、慢性病虽已临床治愈进入恢复期，却仍然表现为虚弱及种种不适。

5.在人体生命周期中,衰老引起的组织结构老化与生理功能减退所出现的虚弱症状。

第二节　亚健康的提出

亚健康(Sub-health)是苏联学者布赫曼教授在20世纪80年代中期提出来的新概念,距今不过30多年的历史。这种似病非病的非健康状态许多人都曾经历过,只是不明白是怎么回事。亚健康是人体处于健康和疾病之间的过渡阶段,在身体、心理上没有疾病,但主观上却有许多不适的症状表现和心理体验。

因为亚健康本身没有任何器质性改变,各项检查又无异常,医院常做出非疾病诊断,所以不易引起患者的重视。但是,亚健康状态既然是过渡阶段,说明它不会停滞,而是可以转化的。既可以向健康状态转化,也可以向疾病状态转化。转化的方向取决于这种状态者的自我保健措施和自身的免疫力水平。因此,身体亚健康应引起人们对此足够的重视。

亚健康概念的提出并非偶然,源于现代人对健康的注重,同时也是现代人重视在疾病前防范其发生、发展的健康新思维的充分体现。虽然亚健康在症状上表现的是医学领域的问题,但从整体上看,对亚健康状态的研究已经成为一个由医学、心理学、社会学、哲学、人文科学等多学科交叉的最前沿的有关人类健康的边缘科学。亚健康理论的提出意味着人们已经开始发现人类长期遭受的莫名苦痛的根源,并有解除这种苦痛的希望。

目前,在国际上对亚健康状态的研究和治疗已经进入空前活跃的阶段,并被普遍视为"关心人类心身运动"的重要部分,且取得了长足的进展。

第三节　亚健康易发人群

亚健康多为心身性的，心理因素常起主导作用。而且，个体的个性特征也常有着特殊意义。

美国国家疾病控制中心已经认定，具有过分的抱负，敌意感过强的A型行为，是促成冠心病形成的独立的高度危险因素。在39~55岁的人群中，具有这类行为特征者，若干年后有10%将患冠心病，而不具有这类行为或这类行为不明显者，患冠心病的比例还不到3.8%。具有这类行为特征的人还容易发生原发性高血压病、糖尿病等。另一方面，惯于自我克制、情绪低沉、悲观，又不太愿意让负性情绪表达出来者（被称作C型行为），其肿瘤发生率比非C型行为者高出3倍。亚健康所反映出来的种种症状，并不能作为确诊某种疾病的绝对依据，但却预示着各种躯体病变的来临。

亚健康只是笼统的说法，其主要表现和发展结局因人群的地域、生活和工作背景、社会层次、年龄阶段、气质特点的不同而不同，具体情况如以下几个表格所示。

年 龄	特 点
18~40岁	心身轻度失调呈缓慢上升趋势
40~55岁	潜临床状态的比例陡然攀高
55岁以上	进入潜临床状态的明显增多
65岁以上	大多数人也处于生理性衰老状态

文化层次	数 据
某报社中年记者、编辑	70%高血脂,75%脂肪肝
上海高级职称中年知识分子	75%的人处于亚健康状态
北京中关村知识分子	平均寿命 53.34 岁
某医学院 102 名高级知识分子	2 人勉强健康

地 域	特 点
城市	肥胖、高血压病与高脂血症、冠心病、糖尿病、中风
农村	慢性劳损、肌肉关节病变和疼痛、营养不良、慢性感染

从以上表格可以看出:

1.亚健康状态在中年以后变得明朗化,滑向疾病的步伐迅速加快。

2.肩负事业、家庭重任的中年人,千万不要轻视亚健康状态。

3.文化层次较高人群的亚健康概率高于文化层次相对较低人群。

4.城市与农村因营养及工作性质不同而表现出不同相关疾病。

第四节　亚健康的分类

一、身体亚健康

身体亚健康的体征表现较容易为个体自身所体验和理解,也容易为他人所识别,所以首先引起人们注意的便是个体身体的亚健康。

个体身体亚健康的主要表现就是个体总感到身体有些不舒服。这种不舒服,我们可以把它归结为以下几方面,即乏力困倦、肌肉酸痛、失眠多

梦、胃肠功能紊乱等。

身体亚健康状态有感觉到的，有感觉不到的；有体验强烈的，有体验微弱的。身体亚健康表现形式多样，体验各异，但结果都一样，即一点一滴地蚕食着人们的健康，把他们推向疾病，推向苍老、衰竭。身体亚健康的存在必然影响个体创造性的发挥，影响个体正常的生活、学习、工作和事业的发展。身体出现亚健康状况的原因很多，目前还未查明。但可以肯定的是功能退化、负担过重、体力透支、休息不够以及其他精神、社会因素都会促使亚健康的产生。因此，要防止和治疗身体亚健康，就要坚持科学的、适度的锻炼和休息，注意养成良好的习惯，建立科学健康的生活方式、学习方式和工作方式。

二、心理亚健康

心理亚健康状态是指以频繁出现的情绪躁动、兴致低落、注意力不易集中、过分敏感或行为能力下降等表现为特征的心理存在状态。

健康的心理是人们健康发展的保证,而亚健康心理则是人们走向失败,甚至犯罪的内在根由。因此,保持健康的心理尤为重要。可是,现实中不少人总感到烦躁、焦虑、妒忌、恐惧、记忆力下降、反应迟钝等,这些都属于心理亚健康。

我们所处的环境是错综复杂的,各种矛盾和冲突总是随时发生。这就必然会引起我们心理的不平衡,使得我们的心理总是处于安宁的追求与不安定的现实的矛盾之中。大多数人能顺应这个现实,少数人不能较好地面对矛盾,正视现实,久而久之便有了"心病",进入了心理亚健康状态。亚健康的心理无处不在,无时不有,各种现实的矛盾和冲突都可能会引起亚健康心理。家庭生活、情感交流、人际沟通、知识学习、精细操作、创造性劳动等方面的问题,无不使人们产生困惑、压抑、郁闷等不健康的心理感受,从而使得家庭生活失调、工作效率低下、学习成绩滑坡、人际交往困难等不良的现象频频出现,严重妨碍了生活、学习、工作。

三、情感亚健康

在这个信息迅猛发展的今天,手机、互联网的迅猛发展让我们生活在这个时代的人比以往任何时代在建立情感对象的途径与范围方面更加深刻与广泛。与此同时,我们的情感生活也就更加

自由，与此相伴的，却大量存在着好多导致情感亚健康的不良因素。炽热的情感是人的社会性的主要表现，如何正确地表达情感，是人的社会生活和现实内容。但在社会化程度加速发展的今天，人们却普遍地感到和看到冷漠、无望、溺爱、疲惫、机械以及婚外情、早恋等，这便是情感亚健康。

情感亚健康不仅存在于男女之间、同辈之间，而且存在于代与代之间、同事之间。只要人与人相处，就不可避免地会发生这样或者那样的情感。一旦这些情感出现不良刺激或者偏差，时间一长，人就会处于情感亚健康状态。教师在工作中经常要处理与校长、同事和学生之间的人际关系，稍微处理不当就会影响正常的情感生活，影响家庭、单位和社会的人际关系，对自己、对他人都会造成不应有的伤害。

处于这种状态的教师，要想尽快走出情感亚健康，就一定要进行情景转移与认知调整，并适当参加社会活动等，力求情感生活的真实、平静和丰富。

值得注意的是“第四类感情”。这种情感存在于异性之间。它的分量往往介于友情和爱情之间，有点儿像文艺作品描述的“红颜知己”或者“琴瑟知音”。这种感情使相当一部分现代男女陷入困惑和难以自拔的境地。它往往使人的精神有时兴致勃勃，有时萎靡不振。希望教师朋友能够警惕这类情感的发生。

四、思想亚健康

思想亚健康是指人们在世界观、人生观、价值观上存在着不利于自己和社会发展的偏差等，很多人在不同的时空条件下都有过思想亚健康。思想亚健康多表现为嫉妒、多疑、心胸狭窄、贪得无厌、牢骚满腹、斤斤计较等。

由于这种亚健康思想隐藏在心灵深处,在不转化为具体的行动的时候别人很难发现。所以,如果哪个人的思想处于“亚健康”状态,自己又不及时反省剖析,久而久之,病情难免会加重。

许多思想亚健康者自以为小疾无恙,放之任其发展;或者虽然深知其危险,却常常不能抵御外界的诱惑,给自己带来情感纠纷,引发情感亚健康。

产生思想亚健康是人们的学习不够、错误选择接受、社会默化、从众、思维方法不科学等造成的。思想亚健康的存在,影响人们的正确决策、评价、实践,影响人们创造性的有效发挥。

解除思想亚健康,可以从以下两个方面入手:一要重视,亚健康处于萌芽状态时尽可能将其消灭;二要摆正心态,保持一颗平常心。

五、行为亚健康

在我们周围经常可以发现这样的现象:有的人行为失常、无序,这就是亚健康中的行为亚健康。行为亚健康分为自觉与不自觉两种。有的人对自己行为的管理和控制的能力较差,导致个体对自己行为的失控、错控,就会容易出现如下场景:有的人在大众场合大声喧哗,旁若无人;有的人在公共场所衣冠不整,行动随便;有的人随地吐痰,乱扔果皮;等等。

行为亚健康状态的存在,不论在何时何地都会对个体自身的发展及群体和社会的发展产生负面影响，因此一定要对“亚健康”行为进行限制、诱导、矫正、治疗，以此来号召全社会建立文明、健康、科学的生活方式和工作方式，养成文明、健康、科学的行为习惯，让每一个行为都体现时代精神。

第五节　亚健康的表现

亚健康的表现错综复杂，不同原因引起的亚健康，其表现不一样，常见的亚健康表现归纳起来为“三低一下降”。

表现	具体症状
活力降低	早起赖床；走路抬不起腿；不想参加社交活动；懒得讲话；托腮发愣；说话、写文章不时出错，思路中断；食欲差，感觉饭菜没有滋味；吸烟、饮酒有增无减；耳鸣、目眩；哈欠不断；入睡困难、易醒多梦；脱肛、痔疮
反应能力降低	血脂、血压、血糖、血尿、血黏度异常波动
适应能力降低	热不得：气温稍微高就满头大汗，甚至虚脱、中暑。冷不得：春、秋两季，气候多变，易患伤风感冒及肺炎。吃不得：消化功能差，多吃易消化不良，甚至腹痛、腹泻。饿不得：一饿常常出现面色发白，满头大汗、低血糖等症状。睡不得：换一个地方翻来覆去失眠，适应能力很差
免疫功能下降	牙周炎复发；口腔黏膜溃疡；鼻腔干裂、鼻前庭炎、鼻前庭疖；眼睑炎，表粒肿；感冒不断

身体亚健康的表现

类 别	具体症状
心病不安,惊悸少眠	心慌气短,胸闷憋气,心烦意乱,惶惶无措,夜寐不安,多梦纷纭
汗出津津,经常感冒	自汗、盗汗、出虚汗,怕冷,易感冒
舌赤苔垢,口苦便燥	舌尖发红,舌苔厚腻,口苦、咽干,大便干燥、小便短赤
面色有滞,目围灰暗	面色无华,憔悴;双目周围,特别是眼下灰暗发青
四肢发胀,目下卧蚕	晨起或劳累后足踝及小腿肿胀,下眼皮肿胀、下垂
指甲成象,变化异常	指甲卷如葱管、相似蒜头、剥如竹笋、枯似鱼鳞、曲类鹰爪、塌同瘪螺、月痕不齐、峰凸凹残、甲面白点
潮前胸胀,乳生结节	妇女在月经到来前两三天,四肢发胀、胸部胀满、胸胁串痛,妇科检查,乳房常有硬结
口吐黏物,呃逆胀满	胸腹胀满、大便黏滞不畅、肛门湿热,食生冷干硬食物常感胃部不适,口中黏滞
体温异常,倦怠无力	下午体温常常 37℃～38℃左右,手心热、口干、全身倦怠无力
视力模糊,头胀头疼	平时视力正常,突感视力下降(非眼镜度数不适),且伴有目胀、头疼

心理亚健康的表现

类别	具体表现
精神紧张,焦虑不安	行为:眼睛不敢正视,焦躁不安,失眠 生理:脉搏加快,血压上升,压力加大,呼吸困难,脸部潮红,瞳孔放大,口腔干燥,虚弱,肚子痛,拉肚子,小便次数增加或解不干净 感情:是过分激动的,无助的,害怕的,失望的
注意力分散,思考肤浅	注意力不集中,集中精力的能力越来越差,并且容易疲倦;心算能力越来越差;不明原因地走神
容易激动,无事自烦	做事经常后悔、悲观、失望,难以控制自己的情绪,看什么都不顺眼,烦躁,容易激动,动辄发火,常常使人际关系陷入僵局或是自身陷入抑郁苦闷的状态
记忆闭塞,熟人忘名	记忆闭塞、记忆减退

(续表)

类 别	具体表现
兴趣变淡，欲望骤减	生活态度消极，心情郁闷，对什么事情都没有兴趣；心情压抑，欲望减少

情感亚健康的表现

类别	具体表现
孤独自卑，忧郁苦闷	忧郁、苦闷，缺乏与他人的交流和沟通
懒于交往，情绪低落	喜欢独处，自闭，懒于交际

思想亚健康的表现

类别	具体表现
疲劳感	"活得累"、"特别烦"、心理和社交性疲倦
焦虑感	竞争、忙碌、匆匆、担心、失业、失败、失恋等
忧郁感	无精打采、两眼无神、自责、心悸、食欲不振、头痛等
无聊感	空虚、幻想、无所事事；无助感、"不满足又不想做"
不快感	沮丧、乏力、失眠；坏心情占主导地位，生活没乐趣
压力感	家庭、事业、社交、心理、身体压力等从四面八方袭来，蚕食心身健康
孤独感	没有知心朋友、麻木冷漠、失去目的，有一种空虚感
失落感	"英雄无用武之地"、"有劲无处使"、有"失魂落魄"感体验
恐惧感	对疾病、死亡、神鬼或回首做过的错事，有恐惧感或犯罪感。

行为亚健康的表现

类别	具体表现
久站头晕，眼花目眩	眼睛肿，出现黑眼圈
肢体松软，力不从心	易于疲乏，或无明显原因感到精力不足，体力不支
不易入眠，多梦易醒	心烦不安，惊悸少眠，自觉心慌气短，胸闷憋气，心烦意乱，惶惶无措，夜寐不安，多梦易醒。睡觉时间越来越短，醒来也不解乏
晨不愿起，昼常打盹	早晨困倦不想起床，白天容易犯困

第二章　教师与亚健康的亲密接触

教师是人类灵魂的工程师，是太阳底下最光辉的职业。许多人就因为这份荣耀与高尚而走上教育岗位，把满腔的热血、亮丽的青春都献给了教育事业。无私奉献、无怨无悔，成了老师默默追求的信条，“衣带渐宽终不悔，为伊消得人憔悴”，成了老师的真实写照。很多老师的眼里只有学校、学生、作业，忽视了自己，淡漠了亲情，遗忘了健康。办公室埋头伏案精心备课的是老师，深夜凄风孤灯中批阅作业的还是老师……确实，伟大的教育事业需要老师赤诚的奉献，需要老师血汗的浸润，否则，难以撑起蓬勃发展的教育事业！但是，老师，你不是圣人，要注重自己的健康，要学会享受生活！

第一节　教师职业与亚健康

一、触目惊心的教师健康现状

大量的调查数据显示，越来越多教师的身体状况处在亚健康状态。教师的身体、心理承受着超负荷的压力，教师的健康受到极大的威胁，教育质量的保障将面临挑战。

国家中小学生心理健康教育课题组对某省内168所城乡中小学的2292名教师所进行的检测结果表明——中小学教师心理障碍发生率竟高达50%！69%的被检测教师自卑心态严重。某市教科所对市区30所学校的近2000名教师进行的心理健康状况调查表明,有13%的教师存在心理问题,76%的教师感到职业压力很大。其中男教师的压力大于女教师,毕业班教师的压力大于非毕业班教师。某市对500余名中小学教师的调查更显示,近60%的教师觉得在工作中烦恼多于快乐,70%的教师有时忍不住要生气发火。教师较普遍地存在着烦躁、忧郁等不良情绪。

可见,教师亚健康状态不容乐观。据不完全统计,教师已经领先于医生、护士、公务员,成为亚健康的高发人群。同时还发现教师的健康状态和发病率与年龄、学历、职称成正相关。还有一点值得注意的就是女教师群体。这一点在以后的内容我们会做专门介绍。

为什么教师这一职业与亚健康的关联如此密切呢?

二、教师亚健康原因分析

随着社会竞争的日趋激烈,各种压力越来越大,心理疾患已经越来越严重地威胁教师的健康。教师朋友常见的压力主要来源于工作、心理压力和自身健康意识等几个方面。下面分别做一个简单的剖析:

工作方面：

目前中小学教师的工作量普遍很大。一般科目的周课时量是12~18节，有的甚至高达20余节。除此之外，教师还有许多其他与工作相关的任务，如编写教案、批改作业、业务进修、撰写论文、听课研讨等，这些都是我们在课程表上看不到的工作量。在如此多的工作内容之下，教师只能通过延长工作时间来完成。据统计，每天在学校工作时间为8~10小时的教师占43.2%、10~12小时的占30.1%，超过12小时的教师占8%，由此可以看出，81.3%的教师在校的工作时间超过法定工作时间。尤其是面对来自社会、家长和学校的升学率压力的毕业班教师更是苦不堪言。

心理压力方面：

教育对象的多样性要求教师有多维度的心理取向，教育工作的示范性要求教师加强自我形象的塑造，教育内容的广泛性要求教师不断完善自己的知识结构，教育任务的复杂性要求教师有较强的心理调节与适应能力。这种过高的社会期望、过于神化的职业定位，迫使教师要经常抑制自己的情感而背上沉重的心理负担。如果这些心理压力不能及时得到缓解，必然造成亚健康的出现。

教师自身健康意识方面：

国际卫生组织指出，一个人的健康长寿60%取决于自己，40%取决于其他因素。教师自身健康意识非常薄弱，主要体现在以下几个方面：

1.健康知识匮乏，有病不及时去医治。

2.缺乏必要的身体锻炼。教师们都知道体育锻炼对健康必不可少，实际上却疏于锻炼。

3.不良的生活习惯。有些教师由于工作忙，过于劳累；有些教师没有相对稳定的休息时间，开夜车是常有的事。

4.缺乏缓解心理压力的有效渠道。由于对身心健康的忽视，75.2%的教师偶尔参加体育锻炼,16.8%的教师从不锻炼。而且,教师对自己健康的关注程度也有待提高,有 58.9%的教师不是特别放在心上,25.2%的教师不到万不得已不看病。

三、教师亚健康特点分析

1.中青年教师亚健康状态的特点

中青年教师亚健康产生的原因更复杂,这种复杂体现在教师工作的各个环节,如新课程改革随之带来的教学方式及教学内容的改变使教师的工作需要付出更大的努力;不断加班以完成过重教学工作任务使教师的身心长期处于疲劳状态;工作占用个人业余时间,睡眠时间长期不足使教师的身心疲惫,无法得到恢复;教师既要正确处理师生之间的关系,又要协调好上下级、同事之间的沟通关系,还要抚养子女,照顾老人,许多错综复杂的关系,往往使教师无暇应付;职称考试与评定接踵而至,求职、就业、失业压力往往使教师背上更重的包袱;社会生活水平提高,各种开支增大与收入冲突,个人奋斗目标与现实存在差距,事业进展不尽如人意;等等,如果不能正确处理工作的各个环节,长此以往,教师会身心长期疲劳,却没有时间或者不知如何疏解、放松与克服,从而出现亚健康状态。

中青年教师是国家教育事业的栋梁和中坚,很多中青年教师处于亚健康状态,一方面使工作效率下降,影响教育事业的发展和人才的培养;另一方面,长期的亚健康状态可向疾病转化,导致不少优秀教师、教学能手、教学骨干力量患病,甚至英年早逝,这是教育事业的巨大损失也是国家的巨大损失。

2.老年教师亚健康状态的特点

老年教师即将退休或因教学业绩突出而被返聘回教学一线等原因而继续从事教学工作。但其所面对的问题却并没有减少:工作中,新课程改革带来的新的教学思路的转变；身体上，各项机能的不断老化，各种疾病因素袭击；家庭中，子女长大另立家庭给老年教师带来的失落感增强；生活上，个人的生活、社交圈子不断缩小，加上社会上一些不当的医药广告宣传误导，导致老年教师的精神过度紧张，身体体质和精力下降，从而引发了老年教师的亚健康状态。

部分老年教师因此而变得盲目，不知道自己的身体到底发生了什么。他们总是感觉到周身不适，到处寻医找药，寻找能够使自己的身体重新精力充沛的良方，但又找不到好的医治方法，既浪费医药费，又容易导致药源性疾病。还有些老年教师希望通过参加各种社交活动或尝试不同的健身活动来恢复健康，但没有找到威胁健康的真正原因。往往由于方法不当，自我保护意识差，急于求成，缺乏科学指导，结果事与愿违，甚至给自己带来不可挽回的身心伤害和精神损失。

那么，衰老与亚健康状态的关系是怎样的呢？

衰老是机体生命过程中的必然规律，随着年龄的增长，机体产生一系列生理学和形态学的变化，导致对内、外环境的适应性逐渐降低，这种机体不断老化的结果即是衰老。

亚健康状态与衰老之间有十分密切的联系。医学界认为：衰老是一个复杂的人体衰变的过程，从衰老机理理论看，免疫功能下降和内分泌失调是导致人体衰老的两个主要原因。衰老又可分为早衰和过速衰老即生理性衰老和病理性衰老。生理性衰老是指人体成熟期以后所出现的生理性退行性变化，病理性衰老则是因病理因素而加速了衰老的进程。严格地说，生理性衰老的人其生理质量是处于亚健康状态的，而病理性衰老则不在此列。由于生理性衰老与亚健康状态在生理和代谢过程中都有功能低下的特点，所以在某种意义上讲，生理性衰老的人即为亚健康状态。亚健康状态者如不引起重视，并及时调整使之恢复健康，则必然会加速其衰老的过程。当前,亚健康状态尚未引起广泛的重视,这样便加速了衰老的进程和导致了疾病的更早发生。

中医药学在关于衰老与亚健康的关系上具有独特的见解,并在近年的研究中已经得到充分证明,中医对于衰老及延缓衰老的理论,在预防、调治亚健康状态上都是有借鉴意义的。

中医的“未病”学理论形成久远,对亚健康状态的认识由来已久,早在《黄帝内经》中就阐述了人体阴阳平衡学说,认为人体是一个阴阳运动协调平衡的统一体,“阴平阳秘,精神乃至”。并把“阴平阳秘”的“阴阳平和”作为心身和谐的健康标准。健康是人体自身以及人与自然环境和社会环境之间的一种动态平衡。人体阴阳气血平衡,脏腑功能协调,气血充盛调畅是健康的根本保障。若阴阳动态平衡失调,就会导致脏腑功能异常,气血失调,形神失养,进而出现亚健康状态或疾病状态。中医所谓的“未病”,不是无病,也不是具有明显体征的疾病,而是指机体的阴阳、脏腑、气血等失调所导致的疾病前状态,或某种疾病的征兆。在古代就有“疾”和“病”之分,“疾”是指不易察觉的小病,如不采取有效措施去干预,势必发展成为具有一定体征的“病”,这种“疾”的状态就是现代医学所谓的亚健康状态。

目前,我国老龄人口已达2.41亿之多,且在各大城市及经济发达地区分布较多,当今几千万的壮年在今后的一二十年间也将步入老年的行列。其基数之大、速度之快在世界上是极其特殊的。几十年后,中国老年人口的亚健康问题将会非常突出,教师则会成为他们之中的代表者。

第二节　亲密接触之一：慢性疲劳

一、慢性疲劳与教师亚健康的关系

疲劳、营养不良、运动不当、心理不健康等都会导致亚健康状态的产生。长期在教学一线工作的教师，由于工作时间长，任务重，往往休息的时间就非常少。教师常常处在一种疲劳的状态，如果这种疲劳长期得不到消除，就会出现过劳，而过劳往往是疾病的前奏。

由疲劳、压力、挑战或挫折等心理性原因引发，以疲惫不堪、情绪低落、心情烦躁、失眠等身心失调为主要表现的似病非病状态，可以称为慢性疲劳综合征，属于亚健康状态。亚健康可以进一步发展为过劳或进入亚临床症状态，直至引起疾病，甚至有人直接将慢性疲劳综合征与亚健康画上了等号。研究教师的疲劳，主要是从慢性疲劳综合征开始的。

过劳，主要是心理过劳。教师面对剧烈的竞争，沉重的社会、家庭压力，如果自己没有足够的勇气和适当方法去克服、缓解的话，就容易患上以疲劳、失眠、情绪低落、无生活乐趣、多疑为主要表现的抑郁症。

有的教师经常疲惫不堪、无精打采、哈欠连天、烦躁、易怒、腰酸、背痛、头晕、眼花、失眠、嗜睡、神经衰弱、全身乏力、神志恍惚、食欲不振，周身不适却查不出明确的原因，这就是慢性疲劳综合征的征兆。这时机体虽无明显疾病，但活力降低、反应能力减退、适应能力下降。这种状况在教师职业中的表现非常突出。这主要是由中年人生理功能下降，承受的各方面压力较大所致。导致这种状态的病因和发病机制尚不完全清楚，但与教师劳动强度过大、病毒感染、精神紧张等不良因素密不可分。

二、慢性疲劳概述

教师的亚健康是与疲劳有着密切关系的，前面我们提到了疲劳和慢性疲劳综合征两个概念，那么，到底什么样的状态属于疲劳，什么样的症状属于慢性疲劳综合征呢？下面我们就来探讨这两个问题。

1.疲劳及其分类

疲劳是亚健康的标志和典型表现，也是心理、躯体疾病的征兆。疲劳是指人在劳动和活动过程中，由于能量消耗而导致机体疲乏、劳累以及劳动技能减退等生理、心理变化的现象。它是人的机体为免遭损害而产生的一种自然保护反应。

1982 年在第五届国际运动生物化学会议上，对疲劳的概念取得了统一的认识，“疲劳是有机体的生理过程不能使其功能继续维持在一特定的水平上工作，各器官也不能再保持固定的工作能力”。

这个概念可以从以下几个方面来理解：

(1)疲劳是机体超负荷工作的信号

疲劳是一种信号，它提醒你，你的机体已经超过正常负荷，应该进行调整和休息。如果长期处于疲劳状态，不仅会降低工作效率，还会诱发疾病。如有些教师朋友经常感到疲惫不堪、无精打采、哈欠连天，或者常常烦躁、易怒、神志恍惚等，身体上即使没有进行体力劳动也会有腰酸、背痛、头晕、眼花、失眠、嗜睡、神经衰弱、全身乏力、食欲不振等症状，虽然进行专业的医疗检测却检查不出明确的原因，虽经常服用健脑安神、开胸顺气等药物，而全身倦怠的症状却始终得不到改善。这是一种典型的疲劳状态，应引起教师的注意。

(2)疲劳是一种病前状态和致病因素

越来越快的生活节奏、不断增加的社会压力使疲劳作为一种病前状态和致病因素，已经笼罩到越来越多的教师，这将使教师的工作效率受到影响。某部门公布的一组数据显示，30~50岁的中青年中，脂肪肝患者已达12%；10~30岁的肿瘤患者比例比5年前上升了近10个百分点。这两种疾病都与疲劳过度又缺乏锻炼有很大关系。这种状况在教师群体中的表现则更为明显，某市医科大学健康教育教研室最近对该市教师的疲劳状况做了抽样调查。结果发现，23~45岁的中青年教师中有近71%的人长期处于不同程度的疲劳状态。其中视疲劳患者的数量更为突出，比例高达所调查人数的47.1%。疲劳使人体免疫功能下降，使疾病发生率上升。

(3)疲劳是教师中的常见现象

说到疲劳，相信几乎人人都曾有所体验。教师的工作竞争激烈，大多数人每天超时工作，节假日还经常加班，导致个体行为习惯的改变，如再无体育锻炼、每天睡眠时间少于6小时、吸烟等，疲劳状态出现的概率就更大。可以很肯定地说，在教师中，疲劳是一种常见的现象。遇到疲劳这种情况，其他职业的人，如果休两天假回来，又是生龙活虎，积极冲刺的状态；但是对于“传道、受业、解惑”的教师，他们工作内容前后的延续性相对突出，可替代性相对较小，经常请假是不太现实的事情，所以部分教师就会长时间处于极度疲倦及低潮情绪中，整个人长时间处于累的状态。

这里我们要明确疲劳与疲乏这两个概念的区别。疲乏是疲劳生理现象的心理感受，疲乏并不仅在疲劳积累到一定程度才产生，它可能在疲劳之前就已产生；相反，即使疲劳程度很深，也不见得就会产生疲乏。疲劳是客观的存在，疲乏是主观的感受。

准确地说，疲劳也是一种病。这是根据已经诊断的病例推算的，轻的

或没有发现的可能更多。但是,我们对疲劳究竟有多少认识呢?比如,如果要问疲劳到底有哪些表现,大概没有几个人能说得清楚。医学科学研究表明,除了主观感觉疲乏,慢性疲劳的表现多种多样,因人而异,程度不同,来去不定。疲劳可发生于少年、青年,也可发生于中年、老年,以女性居多,女性教师的发生率则更高。

女教师为什么容易疲劳呢?在日常生活中,诉说疲劳的女教师人数明显多于男性教师,这与女性的生理特点有关。

2.女教师容易疲劳的原因有以下几点:

客观原因:

在人数比例上,我国教师队伍中,女教师的人数远远多于男教师的人数。

女性生理原因:

(1)女性容易产生沮丧情绪

女性的情感比较丰富和敏感,思维定式也以感性居多,每当遇到不幸或悲哀的事,遇到挫折或打击,就容易产生沮丧情绪。在女性的一生中谁都避免不了沮丧的情绪体验,关键是如何尽快摆脱。沮丧时,人们喜欢孤独而容易退缩。因此,最好能给自己增加活动量,可以做一些家务劳动或进行一些体育运动或干脆上街购物,购买一些平时舍不得买的时装、背包、化妆品等。调节一下自己的生活规律,参加一些与过去的生活不同的活动,去适应新的生活规律。此外,无论你做什么事情,最好能几个人一起去,尽量不要一个人。多参加一些外出活动,把自己的注意力转到交朋结友中去,或者去替好友亲人办些事情,分散自己的注意力,办成事情后无疑对自己的心情也是一种安慰。

因此,女性要比较好地摆脱不期而至的沮丧情绪,应建立积极、乐观的人生观,这样才能使生活充满活力和希望。

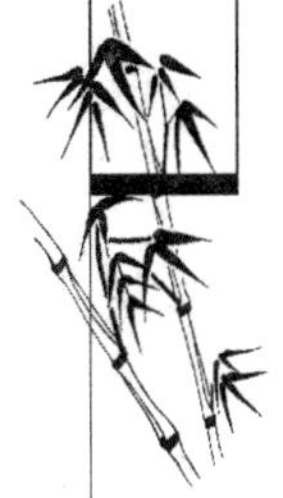

(2)大多数女性易患缺铁性贫血

女性的疲劳与缺铁性贫血有关,贫血的主要原因是月经,这是引发女性疲劳的原因之一。比如,长期月经过多,或伴功能性子宫出血,且出血时间过长,出血量过多,等等,都易引起贫血。再如,有些青年女性,人工流产过于频繁,失血过多,引发贫血。一项专业研究表明,35~44 岁的女性,贫血患病率显著高于其他年龄段,尤其是城市女性,贫血发病率是男性的两倍。专家认为,多数的贫血为缺铁性贫血,这可能与女性的月经、生育等生理特点有关。人体每天新陈代谢需铁为 2 毫克,而铁的补充主要靠饮食,体内缺铁引起贫血,贫血造成体内供氧不足,从而使人感到疲劳。

(3)女性激素变化引起的疲劳感

体内各种激素之间保持着微妙的平衡,从而影响机体的代谢或情感,当因癌症或囊肿将卵巢全部摘除,或者精神紧张、压抑,影响了激素的分泌,就会引起情绪的变化并使人感到疲劳。在经期前头痛、烦躁、疲劳,可能是有些女性对黄体酮过敏所致,也可能是月经前未充分摄取身体所必需的能量而引起。此外,服用某些含激素的避孕药,也会影响体内原有激素的平衡而引起疲劳。

(4)肠毒素引起的疲劳感

女性中多见便秘,积存在肠内的粪便产生肠毒素,被肠壁吸收后引起疲劳。人体肠道内有多种细菌,细菌之间保持一种平衡,精神紧张、吃过凉的食物和吃肉过多,破坏了肠道内细菌之间的平衡,造成菌群失调,使肠内产生毒素而引起疲劳。

在当代社会,女性带着一些自身的生理特点与男性共同面对巨大的竞争压力,女性与男性共同担负起家庭的经济责任及教育子女的工作。可以说,女性所承受的心理及生理上的负荷一点儿也不比男性少,甚至有过之而无不及。

女性教师的疲劳状况是多种原因共同作用的结果，作为教师队伍的主力军，女性教师应特别关注自己的健康状况，轻轻松松步入课堂不要让疲劳成为你精彩课堂的绊脚石。

三、慢性疲劳的蛛丝马迹

分类	具体表现
认知方面的障碍	注意力不集中，短时记忆差，如认字困难，不能正确理解和记忆所阅读的内容，不能计算数字，语言和推理能力减弱
视觉障碍	视物模糊，对光敏感，眼睛痛，不断地需要变换处方用药
心理障碍	抑郁、易怒、焦虑、盲目攻击、个性的变化、情绪波动
身体出现不适	打寒战和夜间盗汗，呼吸变短，眩晕和平衡障碍，对冷热敏感，不规则的心脏跳动，肠道激惹症状(腹痛、腹泻、便秘)，低体温和低烧，麻木和面部及四肢末端烧灼感，嘴唇和眼睛干燥，月经不调，胸痛，起红斑，耳鸣；还有对噪声、异味、化学物质及金属敏感，饮食不变而体重变化，不同程度的头疼、头昏、浑身无力，睡眠后精神不能振作，劳累后 24 小时不能恢复以及无红肿的多关节疼、肌肉抽搐

上述这些症状反复发生超过一定时间，就要考虑患有慢性疲劳综合征。可见，疲劳是全身机能的失衡或障碍，可以影响机体的不同系统。如果拿这些症状与我们自身对照，不难发现我们很多人都有这样或那样的表现，如果这些表现非常明显的话，就要警惕了。

人们对疲劳现象的研究由来已久，一般来说，可以把疲劳分成体力疲劳、脑力疲劳、精神疲劳、病理疲劳四种类型。

1.体力疲劳

体力疲劳又称运动性或肌肉收缩性疲劳，指由于肌肉持续保持某种状态或不停地收缩和舒张而引起的运动能力下降。这种疲劳的主要表现是全身或局部酸、软、痛，疲乏无力和“力不从心”。

当人体连续运动达到一定程度,体内的能源性物质消耗过多,代谢性物质堆积过多,缺氧和血液酸度增加时,则可导致运动质量受到影响,肌肉收缩与放松能力降低,并伴有精神紧张、困乏倦怠、抑郁烦闷、睡眠不安、头昏脑涨、周身酸痛、口淡厌食,甚至内分泌系统、代谢系统、免疫系统功能失调或低下。运动性疲劳的发生可以提醒人们对运动予以注意,以保护机体免于进一步发展为衰竭。锻炼后产生的运动性疲劳,如得不到及时消除,体力恢复不充分,势必影响到继续锻炼及工作学习的精力。一旦出现运动性疲劳的信号,人们应当及时做些积极的调整,如降低运动量,甚至休息一段时间,否则对人体是不利的。

因此,在运动性疲劳之后,为加速疲劳的消除,有下列措施:

(1)良好的睡眠与安静休息

锻炼导致身体疲劳之后,保证良好而充分的睡眠是使身体得到恢复的重要措施。同时,身体劳累之后,坐下或躺下安静休息,也有助于疲劳的消除。

(2)活动性休息

很多生理实验研究证实,当局部疲劳后,可利用未疲劳的另一些肌肉进行一些适当活动,借以促进全身代谢,加速疲劳消除。当全身疲劳时,也可通过一些轻松的、兴趣高的体力活动,来达到加速消除肌肉代谢产物的目的。

(3)物理性恢复手段

按摩、光疗、电疗等对促进疲劳肌肉的代谢过程,加速疲劳消除有积极意义。此外,如热水浴、吸氧、空气负离子吸入等对疲劳消除也有益。

(4)合理补充营养

在运动疲劳后,饮食中要有较充分的糖和蛋白质进行补充,以及要注意维生素和无机盐的补充,维生素 C、B_1、B_2、A、E 等对疲劳的消除有重要作用。同时,各种高能运动饮料、电解质运动饮料及一些营养滋补剂等对体力恢复也有益。

(5)心理调节

情绪因素对疲劳的消除也有不容忽视的作用,积极向上、乐观愉快的情绪有助于加速疲劳的消除。如欣赏优美动听的音乐,做些自我心理控制与放松调节等对体力恢复都有促进作用。

(6)肌肉放松

体育锻炼或体力劳动后,可进行放松性慢跑,或轻轻拍打易疲劳的部位,或做各种抖动肌肉的动作,都有助于肌肉的放松和消除肌肉的生理疲劳。也可用数分钟时间,坐下或躺下,从脚到头分段实施肌肉放松。

2.脑力疲劳

教师长期的备课、授课、修改作业,对脑力的耗费相对较大,如何爱护自己的大脑,是教师必须注意的问题。

脑力疲劳是指脑力劳动者因长时间静坐伏案、用脑过度、用脑时间过长而造成头昏脑涨、记忆力下降、注意力不集中等。脑力疲劳主要表现为头昏、目眩、头痛、记忆力下降、思维混乱、注意力不集中等。

脑力疲劳的信号是心理疲劳感。这种疲劳感表现为人体器官或脑细胞对继续工作的抵触。之所以产生疲劳感,是由于体力和脑力劳动的时间持续过久或劳动强度过大,体内组织器官急需要的营养和氧气供应不足,代谢废物乳酸和二氧化碳(两者又合称疲劳素)积蓄增多,此时需要有效的休息,使代谢废物从体内排出,从而消除疲劳。

疲劳信号告诉人们,大脑需要调整和恢复,需要通过闭目养神、打盹、睡眠等“消极”方式,或通过适度的体育运动、体力劳动、健身活动等“积极”方式,来达到调整和消除脑力疲劳的目的。此时,若强制大脑继续工作,对工作效果及工作效率都不利,同时还会加重心理疲劳,造成脑细胞的损伤,甚至使脑功能恢复出现障碍。

有不少正待中考和高考的学生们,每天晚上挑灯夜读,困得眼睛都睁不开了,仍然顽强地拒绝休息,甚至打开水龙头,用凉水冲头解乏,殊不知,这样做实际上是非常危险的。

最好的消除脑力疲劳的方法是通过适当参加体育锻炼和文娱活动,进行积极休息来科学地使用大脑,提高用脑效率。

影响大脑疲劳的环境因素主要有以下五个方面:

(1)光线

用脑时周围光线过强或者过弱都不好。光线过强会使人感到烦躁,影响思维判断能力;光线太弱,使人倦怠,也会影响用脑效率。

(2)温度

大脑只有在适宜的环境温度下才能有效地进行信息处理和问题思考。研究表明,气温在18℃时,人脑思考问题反应敏捷;气温超过35℃时,大脑的能量消耗会明显增加,使人在精神方面产生倦怠感。

(3)空气

在工作学习紧张时,应该经常开窗,使室内空气流通,为大脑提供充足的氧气供应,从而提高用脑效率。

(4)颜色

淡绿色或淡蓝色可使人平静,易于消除大脑疲劳;深红色、深黄色可对人产生强烈刺激,使大脑兴奋,随后则趋向抑制。

(5)音响

经常处于70分贝以上的音响环境中，人会头晕乏力、记忆力减退等。若在用脑间隙，欣赏一下轻音乐或歌曲，能够促进大脑的生理协调，减轻大脑的疲劳，提高工作效率。

怎样检测大脑是否疲劳呢？首先我们需要观察和了解自己有无大脑疲劳的表现。大脑疲劳可表现为：

①头昏眼花、听力下降、耳壳发热；

②四肢乏力或嗜睡；

③注意力不集中或记忆力下降；

④反应迟钝；

⑤出现恶心、呕吐现象；

⑥性格改变，如烦躁、郁闷不语、忧郁等；

⑦看书时看了一大段却不明白其中的意思。

上述这些症状反复发生，超过一定时间就要考虑有慢性疲劳。

3.精神(心理)疲劳

心理疲劳主要是指心理压力过大，精神情志不调，难以与环境相适应而造成的学习、工作效率降低，沮丧压抑，百无聊赖，心烦意乱，精疲力竭或出现神经衰弱症状。

其实这种疲劳本质上属于脑力性疲劳，但它有较浓厚的心理精神因素和感情色彩，往往使人的精神(心理)活动处于一种混乱、不安宁的状态。当受压抑的感情冲突未能得到宣泄时，肉体上就会出现疲劳症状。

此外，如受到强烈、持久的精神刺激而引起心理上的扭曲和变态，也是引起心理疲劳的因素之一。或由于问题长期得不到解决，思虑过度，情绪紧张、恐惧、不安，工作不称心，人际关系不和谐，以及生理疲劳造成的紧张、厌倦、无兴趣或因挫折引起的忧郁、烦恼等。

心理疲劳与工作环境和工作目的等许多因素有关,产生心理疲劳的另一个主要原因是精神紧张和学习、工作过量。由于现代生活节奏加快及高度的竞争性,很多人尤其是青年人害怕在竞争中失败,由此导致了心理的紧张与疲劳,此外,繁杂的信息轰炸、住房拥挤、噪声、工作条件恶劣、疾病、家庭不和、人际关系紧张、事业遭到挫折等,也都是诱发心理疲劳的重要因素。

要解除心理疲劳,人应当对自我有一个客观正确的估计和要求,不能对自己要求过高过急,凡事要讲求一个适度,根本办不到的事不要硬拼蛮干,避免长期超负荷运转。

4.病理疲劳

大多数人都片面地认为疲劳主要是由于现代社会竞争日趋激烈,工作紧张,人际关系复杂,心理压力大造成的,只要好好休息,学会放松,过一段时间自然就好了。但最近医学研究却发现,引起慢性疲劳的原因是多种多样的,不同人有不同的原因和诱因。

工作负荷重、精神压力大的确是重要的原因,但绝不是唯一的。其他如营养失衡、环境污染、病毒感染、内分泌失调、代谢紊乱、肠道菌群失调、寄生虫感染、基因背景等也绝不容忽视。这些因素可能相互作用,相互影响,互为因果。比如,情绪紧张导致睡眠困难,长期的睡眠困难又可引起免疫功能进一步下降,免疫功能的下降引起肠道感染,肠道感染引起营养物质的吸收减少,反过来营养不良又引起免疫功能的下降和其他方面的问题。总之,这一过程如果反复发生,形成恶性循环,最终会导致机体衰竭。

科学家们已经证实,慢性疲劳患者在免疫系统、神经系统、内分泌系统等重要生命控制中枢都存在着异常。这些研究表明,慢性疲劳患者机体的控制部位已经出现了故障。这时的机体好比是一辆蓄电池不足、发动机也有毛病的汽车，光充电或只修好发动机，汽车都不能走，只有两者都好，汽车才能走。休息就好比充电，如果不能修复机体的故障，人还是不能恢复正常。那么慢性疲劳会不会随着时间延长而自愈呢？结论是一部分人可能自愈，一部分人在健康和疾病之间反复，一部分人则每况愈下。另外，慢性疲劳往往还是一些严重疾病，如癌症、肝炎、风湿等疾病的早期症状。

因此，奉劝那些经常感到疲惫不堪的教师朋友们千万不要把累不当回事，应及时就医或咨询。现代生活使教师的生活节奏加快，而教师的工作强度却有增无减，这样，就需要教师朋友们倍加呵护自己的生命和健康，摆脱疲劳的困扰，精神百倍地工作和生活。

四、慢性疲劳综合征

慢性疲劳综合征，简称 CFS(Chronic Fatigues Syndrome)。这个概念虽然提出来已经很多年了，但还没有引起人们足够的重视，相信许多人都还感到陌生。20 世纪 80 年代中期，许多学者先后报道了一种新的慢性疾病，其特征表现为多种非特异性慢性症状，体格检查无异常表现，实验室检查伴有 EB 病毒(EBV)抗体效价上升。当时认为该综合征为慢性 EBV 疾病，或慢性单核细胞增多症。

1987 年 3 月，美国疾病控制中心(CDC) 在亚特兰大召开会议为该综合征命名，根据症状和体征以及缺少单一的病原因子等因素，决定命名为慢性疲劳综合征。

关于慢性疲劳的形成原因,科学家们进行了如下阐述:

慢性疲劳综合征的具体病因目前尚不十分清楚。专家们初步研究认为与EB病毒的感染有关,现仍在深入研究之中。由于本病常常伴有低热、咽喉疼痛及淋巴结肿大等表现,所以它与神经衰弱是不同的疾病。但是有以下几种促发因素:

①现代社会生活节奏加快,竞争日益激烈,使教师的体力和心理长期处于超负荷运行状态,工作时间延长,尤其是女教师回家后还有不少家务需要处理。因此,睡眠时间减少,常会感到身心疲惫,长此以往,慢性疲劳就容易出现。

②工业化的发展,使城市环境污染加剧,如果人们长期处于缺少安宁、绿化的环境,就极易产生持久的身心疲惫感。

③食物中总热能增加和动物食品增多,并可能进食含有农药的蔬菜和水果。出门都是坐车,缺少步行锻炼;上下楼都乘电梯,体力活动减少;办公或日常生活一般都开空调,在超重和肥胖日益增多的同时,慢性疲劳必定也随着逐渐增多。

④家庭成员长期患病或经济困难等因素增加了慢性疲劳的概率。

⑤家庭或社会关系相处中人际关系紧张,缺少安谧祥和的气氛,心情不愉快也是重要的促发因素。

五、慢性疲劳综合征的危害

从医学观念来看,慢性疲劳综合征是因为过度工作或运动,造成严重疲劳的病症。不过有疲劳的感觉也不一定就是患了慢性疲劳综合征。一般来说,正常人即使再疲劳,经过一夜好觉就可以恢复充沛精力。如果第二天起床后,仍然感觉十分疲倦,并且持续一段时间,这种状态很可能就是慢性疲劳综合征了。现在许多人不把这种症状视为有病,而是硬扛着,其实这会影响个人的工作、学习乃至日常生活,非常强烈的长期性疲劳很可能是其他病症的征兆。如果这种疲劳感持续半年或更长时间,身体很可能会出现低热、咽喉肿痛、淋巴结肿大、注意力下降、记忆力减退以及全身无力等症状。需要引起注意的是,若身体长时间处于疲劳状态,还会造成体内激素代谢失调、神经系统调节功能紊乱、免疫力下降,同时也会引起肩膀酸痛、头痛等神经失调症状,使患病率大大提高。

有关专家指出,很多常见的食物及水果均能预防慢性疲劳综合征,例如黄豆、黑豆、乌鸡、核桃、蜂蜜和猕猴桃等,多吃可补肾并有益脾胃,从而降低疲劳症状出现的机会。

对于教师来讲,由于其工作的特殊性,应该注意以下几点:

①尽量多休息:许多人能在两周内靠自身免疫力不用任何治疗而康复。

②做些少量活动:证据显示,温和运动对本病颇有帮助,你可以试试瑜伽,但注意避免运动过度。

③注重营养:多吃新鲜蔬菜可以增强免疫系统的功能和加快康复,可以选择含50%生菜及鲜果汁的均衡饮食。它们主要包括蔬菜、水果、全麦

等谷类、种子及核果、去皮的火鸡肉、深海鱼。

④多喝绿色饮料：多喝蔬菜汁以补充维生素，如萝卜汁、胡萝卜汁、青菜汁或小麦草汁等。

⑤多喝水：要喝大量的水及果汁。还需摄取纤维素，要确保肠子每天畅通。

⑥少吃多餐：为了保持一个好的血糖平衡和更高能量水平，最好一天吃4~6餐小量食物，避免任何一餐吃得过饱。有人发现在早晨醒来或晚上睡觉时立即进食一小部分低脂蛋白能够帮助提高能量水平。建议选择好的蛋白质，包括：低脂奶酪、豆腐、小扁豆和其他豆制品。

六、中年教师易患慢性疲劳综合征

中年时期是人生旅程中的重要时期。人到中年，在事业上往往起着承上启下的骨干作用，他们既是老一辈的得力助手，又是下一代的师长；中年教师在家庭中既要培养和教育子女，又要赡养老人，是一家之主，家庭栋梁。同时，中年时期人体在生理上又是重要的转折时期，此时人体的各种生理功能由成熟稳定逐渐转向衰退。由于中年教师的生理功能由盛转衰，再加上在社会、家庭中所处的重要位置，决定了中年教师要承受来自各方面的压力和肩负多方面的重任，因此中年时期也是教师许多慢性疾病的好发时期，中年养生就具有至关重要的意义。

七、如何自测“慢性疲劳综合征”

疲劳危害着广大教师朋友，也是引起亚健康的重要因素，下面这些症状帮您预测是否患有慢性疲劳综合征。

①早晨不能按时醒来，醒后懒得起床。

②走路抬不起腿。

③不想参加社交活动，尤其不愿见陌生人。

④懒得讲话，说话声音细而短，自觉有气无力。

⑤坐下后不愿起来，时常托腮呆想发愣。

⑥说话、写文章不时出错。

⑦记忆力下降，想不起朋友的叮嘱或者忘掉几小时前的事情。

⑧提不起精神，过分地想用茶或者咖啡提神。

⑨无味，食欲差，感觉饭菜没有滋味，厌油腻，总想在饭菜中加些刺激性调料。

⑩吸烟、饮酒的嗜好有增无减。

⑪耳鸣、头昏、目眩、眼前冒金星、烦躁、易怒。

⑫眼睛疲劳，呵欠不断。

⑬下肢沉重，休息时总想把脚架在桌上。

⑭入睡困难，想这想那，易醒多梦。

⑮打盹不止，四肢像抽筋一般。

如果有上述 2~4 项情况时，说明轻微疲劳；有 8 项以上是重度疲劳，也许潜伏着疾病。

八、慢性疲劳综合征的预防

从预防保健的观点来看，疲劳是一种信号，它提醒人们你的机体已经超过正常负荷，应该进行调整和休息。不应消极地理解休息就是睡眠或静坐。要提倡积极的动态的休息，精神愉快，每日户外活动半小时至一小时，如散步、打太极拳、保健按摩。慢性疲劳综合征防治的要点着重在坚持科学的、合理的生活方式，必要时需要适当用药。除注意休息外还可采用物理疗法和化学疗法。物理疗法可采用自我按摩和接受他人的按摩，使用震荡、捶击、击打及桑拿浴、蒸汽浴、水流循环按摩和药浴等方法，促进人体肌肉放松。化学疗法是指使用中西药物以帮助消除身体疲劳。

具体防治内容如下：

①生活节奏要有规律，减少夜生活，每天睡眠7~8小时，保证每日吃早餐。

②讲究心理卫生，开朗乐观，心胸豁达，知足常乐，并能适当保留"童心"。

③培养一项业余爱好，如琴棋书画，种花养鸟，唱歌跳舞，等等。学会交替使用人体的各个部位，若达不到这一要求，至少要在周末做到娱乐半天。

④有规律的体育锻炼是预防和消除疲劳的重要方法。体育锻炼贵在坚持，重在适度，适量的运动不会出现更加疲劳的感觉，只会愉悦心情。

⑤控制总热能，每餐以八分饱为度，减少动物脂肪和甜食的摄入，多吃鱼类食品、豆制品、蔬菜和水果。

⑥戒烟，少饮酒，多饮茶。

⑦进行以松弛为目的的生物反馈训练，对矫正紧张、焦虑、忧郁情绪及改善睡眠质量最有效。

⑧抗抑郁和抗焦虑药物的应用，如一些药物可以矫正心理疲劳，且效果显著。但药物的应用应以医师的诊断为标准选择。

⑨慢性疲劳综合征与免疫力有关，免疫力的高低与患慢性疲劳综合征的概率成反比。平时应多注意增强免疫力，可避免慢性疲劳综合征侵袭。

⑩有病毒感染存在时，可选用抗病毒类药物，具体药品的选用应因人而异，详情应咨询医师。

第三节　亲密接触之二:过劳死

一、过劳死的含义

关于“过劳死”一词至今仍有争议,简单的解释就是超过劳动强度而致死。它是指“在非生理的劳动过程中,劳动者的正常工作规律和生活规律遭到破坏,体内疲劳淤积并向过劳状态转移,使血压升高、动脉硬化加剧,进而出现致命的状态”。

尽管当前还没有在法律上对“过劳死”进行界定,对导致“过劳死”,这种责任者需要承担何种相应的法律责任也没有规定,但企业不顾职工健康状况加班加点的行为可能导致“过劳死”的做法是在“玩火自焚”。

“过劳死”的共同特点是由于工作时间过长、劳动强度加重,以致精疲力尽,突然引发身体潜藏的疾病急速恶化,救治不及而丧命。“过劳死”又可视作一种疾病过程或身体非正常状态。

其主要表现有:经常出现身体乏力、睡眠不稳、记忆减退、头痛头昏、腰痛背酸、食欲不振、视觉紊乱等疲劳症状。但到医院检查,身体却又没有明显的病症。

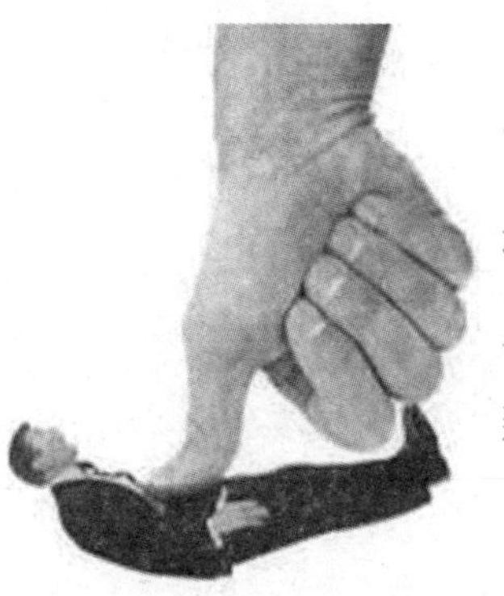

"过劳死"与一般猝死几乎没什么不同,但"过劳死"的特点是隐蔽性较强,先兆不明显,这点很容易被一般人所忽视。"过劳死"最常见的直接死因有冠心病、脑出血(高血压)、心瓣膜病、心肌病和糖尿病并发症等。

二、过劳死的评定标准

过劳死与疲劳过度有关,有人将身体的某些不良反应进行分类,以制定疲劳的标准。不良反应主要指标为肥胖或超重,高血压、高血脂、脂肪肝,性能力下降,注意力不集中,烦躁、厌食、失眠、头晕、头痛,对烟、酒、刺激性食品过量进食、便秘、腹泻、面部出现色斑,腹胀、不易消除的疲惫、厌倦。有人认为,"过劳死"就是在慢性疲劳综合征的基础上发展、恶化的结果。

关于过劳死的最早报道来源于日本媒体,它被认为是一种未老先衰、猝然死亡的现象。其含义为:其一,长时间超过法定工作时间和劳动强度;其二,不明原因地突然猝死;其三,通过尸体解剖排除突发疾病引起的死亡。处于亚健康状态的一部分人,特别是那些工作狂,进一步恶化就有可能发生过劳死。

"过劳死"有十大信号:

①"将军肚"早现:30~50岁的人,大腹便便,是成熟的标志,也是高血脂、脂肪肝、高血压、冠心病的伴侣。

②脱发、斑秃、早秃:每次洗澡都有一大堆头发脱落,这是工作压力大、精神紧张所致。

③频频去洗手间:如果你的年龄在30~40岁之间,排泄次数超过正常人,说明消化系统和泌尿系统开始衰退。

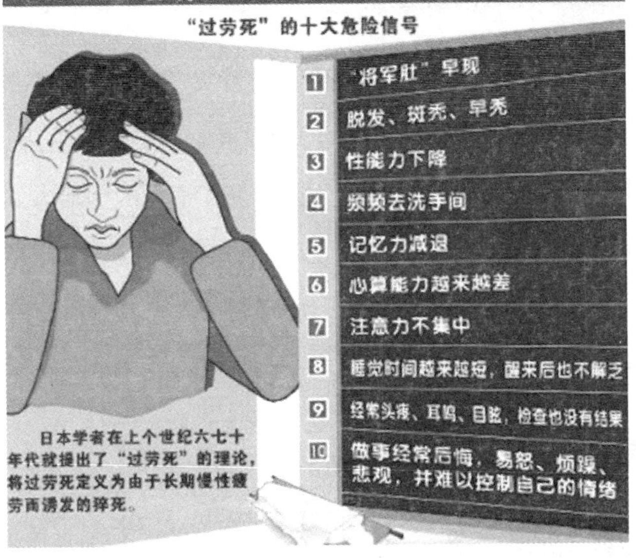

④性能力下降：中年人过早地出现腰酸腿痛、性欲减退或男子阳痿、女子过早闭经，这都是身体衰退的第一信号。

⑤记忆力减退：开始忘记熟人的名字。

⑥心算能力越来越差。

⑦做事经常后悔，易怒、烦躁、悲观，并难以控制自己的情绪。

⑧注意力不集中，集中精力的能力越来越差。

⑨睡觉时间越来越短，醒来后也不解乏。

⑩经常头疼、耳鸣、目眩，检查也没有结果。

结合这十大信号，日本"过劳死预防协会"还公布了自我检查方法，即具上述2项或以下者，处在"黄灯"警示期；累积3~5项者，处于首次"红灯"预报期，说明已经具备"过劳死"的征兆；累积6项以上者，处于再次"红灯"危险期，可定为"疲劳综合征"及"过劳死"的预备军。过劳死给我们敲响了警钟，我们一定要珍惜自己的生命。

三、过劳死是如何发生的

社会变革与激烈竞争，各种矛盾、利益冲突，超常的压力带来的身体紧张状态，个人要求过高带来的压力，无节制地享受物质生活，生活无规律，熬夜、吸烟、酗酒、缺少运动、户外活动少等不良的生活方式，饮食不均衡带来的“营养代谢紊乱”加剧，自然环境遭到严重破坏、人的生活环境受到污染、生存条件恶化……这一切，使现代人尤其是白领阶层面临着亚健康的威胁。

四、教师如何预防过劳死

“过劳死”的前五位直接死因是：冠心病、主动脉瘤、心瓣膜病、心肌病和脑出血。“过劳死”与一般猝死几乎没什么不同，但“过劳死”的特点是隐蔽性较强，先兆不明显。那么，该如何远离过劳死呢？

(1)坚持体育锻炼

现代人的工作往往具有静而不动的特点，最易使人疲惫的莫过于长期不活动。运动能增强心肌收缩能力，增加机体免疫力，增强机体抗病的能力，还可以加快人体的新陈代谢，推迟神经细胞的衰老，帮助废物排除，从而起到防癌抗癌作用。

(2)保持心情舒畅

现代心理学研究发现，当一个人感到烦恼、苦闷、焦虑的时候，他身体的血压和氧化作用就会降低；而人的心情愉快时，整个新陈代谢就会改善。烦闷、焦虑、忧伤是产生疲劳的内在因素。因此,要防止疲劳,保持充沛的精力,就必须经常保持愉快的心情,做一个“乐天派”,并培养坚强、乐观、开朗、幽默的性格,具有广泛的爱好和兴趣,始终保持积极向上的生活态度。要学会调节生活,多与人沟通交流,开阔视野,增加精神活力,让紧张的神经得到松弛,也是防止疲劳症的精神良药。

(3)合理调整饮食

少吃油腻及不易消化的食品,要多食新鲜蔬菜和水果,如绿豆芽、菠菜、油菜、橘子、苹果等,及时补充维生素、无机盐及微量元素。

(4)适度休息

长期通宵达旦地工作,会使体内产生许多毒素,而且有些毒素会随着血液进入大脑,能迅速引起中枢系统的“中毒”症状。疲劳,是一种信号,它提醒你,你的机体已经超过正常负荷,出现疲劳感就应该进行调整和休息,做到劳逸结合,张弛有度。如果长期处于疲劳状态,不仅降低工作效率,还会诱发疾病。过劳死与过度疲劳有相关性但不是直接原因,过劳死往往有一些较严重的基础病因,但过度疲劳可以使这些病因加重或是导致发病,造成不良后果。所以避免过度疲劳可以预防和减少由此导致的严重后果。

(5)定期体检

无论是中青年还是老年人,也不论是体力劳动者还是脑力劳动者,最好每年做一次体检,重要的是要保持体检的连续性,不要中断,以便早期发现高血压、高血脂、糖尿病,特别是隐性冠心病,防患于未然。

(6)积极治疗原发病

积极治疗高血压、高血脂及糖尿病:一些有这类疾病的人特别是合并动脉硬化者,要多留意自己的身体状况,最好培养健康的生活习惯,戒烟酒。避免长时期紧张的脑力劳动和情绪激动,保持乐观的精神状态。出现心绞痛或心律失常时要及时就医。

第四节　亲密接触之三：女教师妊娠期的亚健康

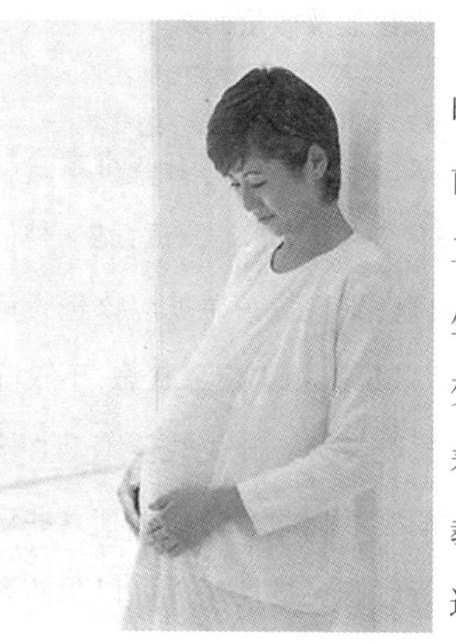

按照劳动法的规定，女性休产假的时间应为生产前的15天，从怀孕到生育前的15天，教师仍然要承担一定的教学工作。处在妊娠期的女性教师需要面对生理和工作的双重压力，由于生理的改变而引起的身体不适，由于心理上面临着不同层次的压力，处在妊娠期的女性教师成为亚健康的高发群体。其种种不适正是亚健康的一些表现。

一、女性妊娠期亚健康的原因

①妊娠反应与体内绒毛膜促性腺激素的作用有关，支持这一观点的证据为妊娠反应出现时间与孕妇血液中绒毛膜促性腺激素出现和消失时间相吻合。

②自主神经功能失调。

③胎盘产生的毒素或精神方面的原因等。

④心理因素引起。由于对妊娠反应的不了解，对健康和胎儿过分担心，常常导致孕妇的妊娠反应加重或产生心理障碍。一般而言，神经质的人妊娠反应较重；夫妻感情不和或不想要孩子而怀孕的人，也容易出现比较重的妊娠反应。

二、女性的产后抑郁症

女性的产后抑郁症一般在产后6周内发病，悲伤、经常情绪低落、哭泣、失眠、精力不足、急躁、焦虑、恐惧和抑郁是产后抑郁症的主要特征。如不加以治疗，产后抑郁症状可持续数周。有10%~20%的产妇会出现产后抑郁，发生抑郁的产妇常有产后心理适应不良、睡眠不足、照料婴儿过于疲劳等情况出现。在美国的产妇中，10%~15%的人会受产后抑郁症的困扰。我国出现产后抑郁症的产妇也不在少数。

那么，怎样防治产后抑郁症呢？

(1)自我调适

首先得从心理上进行自我调适。这是最主要的预防和控制手段。要树立克服生活困难的信心，也要尽量培养适应新的生活状态的能力。同时要明白做母亲是不可推卸的责任，也应深刻体会自己付出母爱的社会价值和人生价值，保持心理平衡。产后抑郁症类似于女性的经期反应，生理上的不适容易导致烦躁易怒，悲观失望。而你一旦掌握了它的规律，做好对它的主动排解，产后抑郁症便可不药而愈。

(2)家人的理解和关心

照料产妇的父母、公婆和丈夫，在孕妇产后应该更加理解她所承受的产后痛苦和烦恼，多给予关心，而不能在孕妇分娩完后只关心婴儿的性别、体重等，很少过问产妇的健康状况。尤其是对于要进行母乳喂养的产

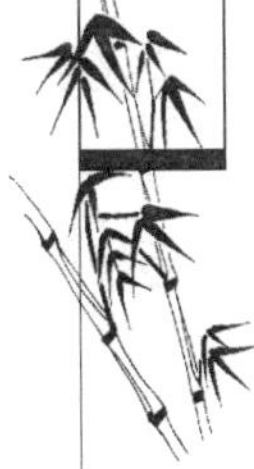

妇，其家人不要一味地为了宝宝而想方设法让产妇吃能催奶的食物，这样会让产妇觉得自己只是喂养婴儿的工具，从而使其身心受到某种伤害。

（3）增强体质

不少产妇的抑郁症是因为经过生育而落下一身毛病从而心烦意乱，不少烦恼都是体力不支、奶水不足、睡眠紊乱等因素造成的。从这个意义上讲，增强产妇的体质是消除产后抑郁症的必要途径。加强身体锻炼和产前必要的体能适应，对于产妇抵抗各种疾病，避免产后抑郁症的发生，有着巨大的益处。

（4）心理保健

心理学家研究表明，防治抑郁症关键是平时搞好心理保健，改变苦闷心理，性格脆弱的人要经常改善心理状态，走出忧郁的阴影。一般来说，忧郁的人比较内向，应该尽量减少独处，多交朋友，经常与人交往，从而增强自信心，解开思想郁结。此外，积极参加体育锻炼和科学合理的饮食调养，都对防治抑郁症有不可低估的作用。

根据国外的经验，将有类似情况的产妇集中在一起，让她们互相分享幸福，倾诉感受，对于排解抑郁、缓解症状非常有用。

（5）及时就医

值得注意的是，许多产妇都不知道或害怕去看医师，她们害怕一旦接受治疗就会被迫与自己的宝贝分开，更担心服用药物会通过乳汁对孩子的身体产生影响，因此贻误了病情的及时诊断和治疗。专家指出，现在治疗抑郁症的药物通过乳汁进入孩子体内的，含量微乎其微，不会对孩子产生影响。所以，产妇产后出现明显亚健康症状时，应及时就医。

（6）多吃鱼

来自国际脂肪酸和脂质研究会年会的消息称，公众应多吃鱼、蛋等含丰富 Ω-3 脂肪酸的食物以改善精神健康。因为含丰富 Ω-3 脂肪酸的食物不仅能防治抑郁症,还有助于提高学习能力。美国科学家希贝恩博士经过对 1.45 万名孕妇进行观察研究后发现,孕期经常吃鱼的妇女,患抑郁症的概率比不吃鱼的要小,其子女日后出现行为问题和学习困难的可能性也要小。

第五节　亲密接触之四:女教师更年期的亚健康

一、女性更年期综合征

更年期综合征是指妇女在绝经期或绝经期后,因卵巢功能逐渐衰退或丧失,雌性激素水平下降所引起的以自主神经功能紊乱、代谢障碍为主的一系列症候群。女性更年期综合征多发生于 45~55 岁之间,一般在绝经过渡期月经紊乱时,这种症状就已经开始出现,可持续至绝经后 2~3 年,仅少数人到绝经 5~10 年后症状才能减轻或消失。教师的退休年龄一般为 55 岁,所以女性在退休前的 10 年左右就会面临更年期问题。

有人认为更年期综合征属于亚健康状态范畴,但实际上两者之间没有明确的界限,很难区分。临床上,绝经期女性的疾病突然增多而且种类繁杂,涉及心血管、脑血管、内分泌、骨骼、精神神经等方面,远不限于更年期综合征所表现出来的潮热出汗、烦躁不安、性欲减退、失眠健忘、精神异常等病症,而更多的是处于"亚健康状态"。因此,处于或者即将步入更年期的女性教师应更加注意此特殊阶段的健康保养。

更年期亚健康按症状分为三大类:

①自主神经功能失调:如潮热出汗、心绞痛等。

②精神性的:如头痛、失眠、情绪改变、易怒、抑郁、无性欲、恐惧等。

③与代谢有关的改变:如老年性阴道炎、动脉硬化血栓形成、皮肤萎缩、乳房萎缩、骨质疏松、关节病变、多毛症等。

上述几种症状中发生最早、最多、最特殊的是潮热出汗。发生潮热90秒后,皮肤温度开始上升,9分钟以后达到最高峰,持续40分钟后才恢复正常。各部位皮肤温度升高情况不完全一致,手指和脚趾最高,大约升高4℃,最高可达8℃;前额部的温度升高最低,这主要与出汗蒸发有关。全身潮热感可能是脑部血管扩张,中枢性热度过高所致;人体因皮肤温度升高而出汗,汗经皮肤蒸发时,血管即开始收缩,又会出现畏寒的感觉。也有的人阵发性出汗,不伴发潮热。有的妇女夜间发作频繁,称夜汗,常影响睡眠。

世界卫生组织指出:健康是基本人权,达到尽可能高的健康水平,是世界范围内的一项重要的社会性指标。重视妇女亚健康状态,就是使妇女这个群体尽可能达到高的健康水平,这对于整个社会安宁协调都极有裨益。

处于更年期的女性教师仍然担任着繁重的教学一线的授课工作,如何轻松渡过更年期,成为中年女性教师必须关心的问题。

二、女教师更年期综合征的治疗

据专家介绍，治疗更年期综合征的方法有多种，现列举如下，希望能够给处在更年期的女性教师以帮助。

(1)雌性激素对更年期症状的防治

雌性激素是任何激素都不能替代的，因为它在女性一生中起到非常重要的作用，是女性更年期必不可少的激素。在疾病导致雌性激素缺乏或者当卵巢因某种原因分泌雌性激素减少的时候，尤其当女性进入更年期而需要雌性激素的时候，它就显得更为珍贵。可见，雌性激素是女性的生命激素、健康激素、健美激素，当不缺乏的时候也许并不会感到雌性激素的重要，一旦减少或缺乏的时候，即使健康的女性也会“身受其害”。

其实，女性之所以进入更年期，就是雌性激素分泌不足所致。换句话说，雌性激素如果像青年时期那样正常分泌，就可能推迟衰老的来临，即使进入老年期，也不会出现因雌性激素分泌减少而导致的更年期症状。从这一点上来说，雌性激素起到决定女性老年时期“命运”的作用。因此，雌性激素补充疗法便成为许多疾病时髦的治疗方法，也成为老年女性以及医学科学家的热门话题。

北京一家医院对5000名更年期妇女进行症状调查，几乎一半的人有不同程度的临床症状，如果适当使用雌性激素进行治疗，其痛苦会得到及时、有效、彻底的消除，不仅如此，还会使心脏、内分泌、神经、骨骼等多系统受益，有效地预防相关疾病的发生或发展。

雌性激素对更年期有特别的疗效，但使用不当又会带来许多弊端。如何正确使用雌性激素就显得格外重要。

雌性激素的优点包括：

①以往病态的症状减轻或消失；

②改善一般健康状况，使人有健康舒适的感觉；

③使脑力及体力增强，工作效能提高；

④可改善性生活；

⑤可使皮肤干燥、生殖器萎缩、多毛症、骨质疏松症得到好转。

补充雌性激素也有不利的一面，即有可能导致子宫内膜增生，但不多见。同时也可使子宫肌瘤及子宫内膜异位症加重。所以在使用的时候应该遵照医生的要求，掌握好雌性激素应用症状，结合个人具体情况，尽量将雌性激素的负面影响降到最低。

使用雌性激素时，药物剂量应根据个人具体情况（因有个体差异），确定最合适的小剂量，此剂量以能控制症状为准，并逐渐减量至最低限度。

雌性激素的用量以能控制症状为度，常以潮热为主要判定标准，其他自觉症状、皮肤症状、泌尿生殖系统症状、骨质疏松症状，皆可做参考。

（2）其他调理方法

更年期症状是指人体进入性腺功能减退期，性激素水平降低而出现的一系列改变，如心血管功能障碍、精神神经障碍症状等。对更年期亚健康状态的处理和护理措施如下：

①对更年期女性给予充分理解、同情和关怀，关心体贴她们，千方百计地给予她们安慰，消除其紧张情绪，让其了解出现更年期症状的原因，使其懂得出现更年期症状并不可怕。

②加强饮食调理，多食豆制品、新鲜蔬菜和水果，每日热能维持在2000千卡左右。少食含糖和脂肪多的食品，尤需限制动物脂肪与肥肉的摄入量。如果食欲不振、厌油腻，用红枣、桂圆加红糖炖汤服。也可用红枣、赤豆熬粥食用，连服10~14日。

③坚持服用维生素，如金维他，每日1~4次，每次1片；维生素 B_6，每

日 3 次,每次 20 毫克;维生素 E,每日 3 次,每次 50~100 毫克。

④适当服用谷维素、安定,以控制心慌、烦躁等症状。

⑤中药治疗有较好的效果,常服用六味地黄丸、甘麦汤等。

⑥坚持晨练,方式有太极拳、太极剑、强壮功、广播操等。晨起作扩胸运动、深呼吸运动及跑步等(适用于男性更年期综合征者)。

⑦有人提倡让更年期综合征者阅读内分泌学中与更年期综合征相关的内容。另外,让她们多看些小说、名人轶事,多听音乐,多参加集体性文体活动,等等,目的是转移他们的注意力,逐步消除其症状。

总之,更年期阶段的亚健康并不可怕,只要合理调节饮食,及时关注自己的身体状态,并进行一定程度的锻炼,保持健康良好的心态,更年期照样可以过得顺顺利利。

第六节　亲密接触之五:骨质疏松与亚健康

骨质疏松症及骨质疏松性骨折在西方国家极其普遍,特别是白色人种的老年妇女发病率最高。骨质疏松性骨折给患者及其家庭带来的肉体上和精神上的痛苦是不言而喻的。目前我国骨质疏松症患者多达 6300 万,其中 1500 万人发生过骨质疏松性骨折,占我国 60 岁以上人口的 15% 左右,长期卧床的老年人中,20%是由骨质疏松症引起的。

目前学术界较为倾向性的意见认为原发性骨质疏松症的定义为:骨矿物质和骨基质随年龄的增加(或妇女绝经后)等比例的减少,骨组织的显微结构发生改变,使其骨组织的正常荷载功能发生变化,骨折危险度明显增加，伴有周身骨骼的疼痛，体态变形以致“龟背”出现。

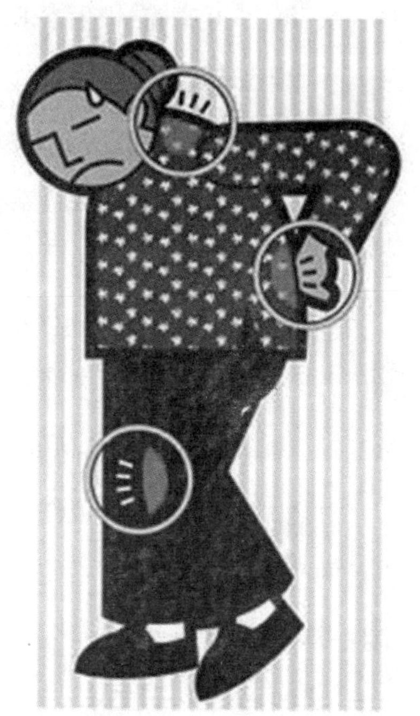

严重的病程还可能伴随高血压、动脉硬化、老年性痴呆、糖尿病、免疫功能低下等，此病称为骨质疏松症或称为骨质疏松综合征。

骨质疏松是影响骨骼健康的重要因素之一。骨质疏松检测是亚健康检测，尤其是女性亚健康检测的重要指标。

在教师中，中老年教师的发病概率相对比较大，在平时的工作和生活中应注意预防。骨质疏松症应以预防为主。

骨质疏松症初级预防的对象是未发生过骨折但有骨质疏松症危险因素，或已有骨量减少情况者，这类人群应防止发展成为骨质疏松症患者，预防的最终目的是避免发生第一次骨折。骨质疏松症的二级预防和治疗指已有骨质疏松症或已发生过骨折的人，其预防和治疗的最终目的是避免初次骨折和再次骨折。

预防骨质疏松症的基础措施包括以下几点：

①饮食上要多摄入富含钙、低盐和适量蛋白质的食物；

②适当进行户外活动，特别是要进行一些有助于骨健康的体育锻炼和康复治疗活动；

③避免嗜烟、酗酒和慎用影响骨代谢的药物；

④采取防止跌倒的各种措施，如注意是否有增加跌倒危险的疾病和药物，加强自身的保护措施（包括各种关节保护器），等等。

第七节　亲密接触之六:衰老与亚健康

一、什么是衰老

人类的生命过程包括生长、发育、衰老、死亡 4 个阶段。衰老为生物生命周期的后期阶段,随着年龄的增长,机体组织器官的形态结构和生理功能方面出现一系列慢性的退化性的变化,这些变化给我们带来很多不利的影响,使得机体组织器官的适应能力、储备能力日趋下降,这一变化过程的不断发生和发展就称为衰老。

自 19 世纪末科学家应用实验方法研究衰老以来,先后提出的学说不下 20 余种,诸如程序衰老说、密码子限制说、DNA 修复缺陷说、错误灾难说、自由基说等。其实,衰老的实质是身体各部分器官系统的功能逐渐衰退的过程。根据平时的观察,人衰老的表现主要有:皱纹的出现,驼背,拄拐杖,行动迟缓,等等。衰老是一种自然规律,我们不可能违背这个规律。但是,如果人们采用良好的生活习惯和保健措施,就可以有效地延缓衰老,提高生活质量。影响人衰老的因素有:生活环境、生活方式、精神状态等。如果我们科学合理地安排生活、保持轻松愉快的心情、适当地进行文娱和体育活动就可以延缓衰老的到来。

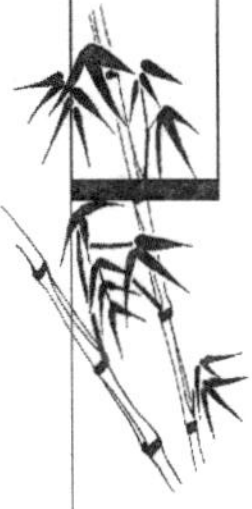

衡量一个人是否衰老有三个年龄指标,即:自然年龄、生理年龄、骨骼年龄。生活中也常有老当益壮者,有些人虽然年龄很大,但思维仍然活跃、敏锐,还有抱负,穿着打扮也很年轻。但生活中也常有未老先衰者,有些人年龄不大,但思维迟钝,萎靡不振,少情寡欲,其表现和其自然年龄差距很大。此外,还有骨骼年龄。人在 18~35 岁这个时期骨头最硬,处于骨峰值期。人到 40 岁以后,骨量开始自我丢失,骨骼硬度渐渐下降。随着年龄增加,骨折的发生概率逐渐增加。由于骨质丢失,多数人难以支撑自己的体重,导致驼背和变矮。及早适当地补钙和坚持锻炼可延缓骨骼的衰老。从理论上说,衰老有两类,即生理性衰老与病理性衰老。

二、生理性衰老与亚健康

所谓生理性衰老是指生物在发育成熟后不断地退行性变化,是生物随着时间推移而必然出现的蜕变现象。而病理性衰老则是由各种疾病引起的衰老变化。许多慢性疾病可以导致生物出现一系列的衰老征象,这种衰老为病理性衰老。有学者认为:“只有神经系统的衰老才是真正的衰老,其他器官的衰老都不是衰老,是疾病。”

亚健康状态是适应性呈不同程度减退的一种生理状态。它是介于健康与疾病之间的一种生理功能低下的状态,衰老与亚健康状态之间有十分密切的联系。生理性衰老的人其生理质量是处于亚健康状态的,而病理性衰老则不在此种范围之内。由于生理性衰老与亚健康状态在生理和代谢过程中都有功能低下的特点,所以从某种意义上讲,生理性衰老的人即处于亚健康状态。而亚健康状态者如不对此引起重视,并及时调整使之恢复健康,则必然会加速其衰老的过程,从而导致疾病的更早发生。

虽然进入老年阶段会出现一些不可避免的问题,如:你的头发将变灰,皮肤弹性减弱,眼睛变浑浊,反应变迟钝,发病的概率增高。与此同时,这个阶段也是你人生中最富智慧、最有经验、见解最深刻,个性最强的时候。成功地变老意味着实现将机体的消极方面减到最少而且致力于实现你的个人潜能。

三、生理性衰老的发生机制

关于生理性衰老的发生机制,科学界尚无定论,主要有以下五大主流学说:

1.基因调控学说

基因学说认为:基因是人体的“总司令”,它调节和指挥整个生命的运行,控制细胞的衰老与分化;当受到各种外界因素侵害时,基因受损,活性降低甚至病变,这样,人体生理机制就会紊乱、失控,导致百病丛生,加快衰老。因此,人类的许多疾病都间接或直接地与基因有关。科学家呼吁:人类要善待基因。需要指出的是,只有人胎盘等才具有修复基因的功能,而其他动物胎盘如羊胎盘、鹿胎盘均不能修复人体基因。这是因为这些动物的基因对人体而言是“异源性基因”(即不融和、不兼容),所有科学实验都证实:人体对任何非人类动物的基因均会产生免疫性排斥现象,也就是说,其他任何非人类的动物均不能直接代替或修补人体基因。

2.新生命营养学说

诺贝尔奖获得者莱斯·鲍里创立的新生命营养学说认为:针对人体衰老的各种生化机制来科学、系统、有机地对应养护,可以使人类的寿命得到有效延长,生命质量得以显著提高。胎盘汇集了母体最精华、最丰富、最全面的生命营养物质,乃“精血所化之物”,可“补精血所亏之体”。现代科学研究证实:胎盘含有人类生命所必需的全面营养,正是这些营养物质，在十月怀胎过程中促使婴儿细胞分化和组织快速生长发育。这些营养物质包括蛋白质、脂肪、糖和有助于体内生化反应的各种营养物质，以及丰富的矿物质、维生素等；具体有人体营养所必需的各种氨基酸21种以上，白蛋白、球蛋白等营养性免疫蛋白，DNA合成酶、RNA合成酶、蛋白质合成酶、碱性磷酸脂酶、透明质酸酶等55种以上酶类物质，磷脂、固醇类生物活性物质，葡萄糖、半乳糖、蔗糖等糖类营养成分，及各种具有强烈促进身体生长作用、可引起各种细胞成长及增殖的蛋白性生理活性物质，包括神经生长因子、皮肤生长因子、血管强化与修复因子等，此外含有透明质酸、软骨素酸等粘多糖体，维生素 B_1、B_2、B_6、C、E、烟酸等以及钙、磷、铁、锌、钾、钠等矿物质成分。人胎盘富含的这些价值非常高的生命营养物质具有最高的活性、最原始的活力，并且其生理结构与人体完全一样，把这些生命物质注入人体，能快速整体补充人体所需的全部后天生命营养，激活人体老化的细胞，使人体容貌、皮肤、体质全面恢复到最顶峰的生理水平，从而在根本上起到健康美丽的美容作用。

3.自由基学说

这一学说是1956年由Denham Harman提出的。这个学说主要认为：随着年龄的增大，人体的退行性变化是由于自由基的副作用引起的（自由基能使细胞变质，使遗传信息发生错乱，使蛋白质丧失应有的功能，并破坏物质的代谢规律）。在正常情况下，机体内自由基的产生与消失是处于动态平衡状态的。一方面，自由基（包括氧自由基在内）在正常细胞新陈代谢中不断产生，并且参与了正常机体内各种有益的作用，如机体防卫作用、某些生理活性物质的合成等，在机体生长发育阶段或正常运转阶段，即使某种自由基的产生多了一些，也会被机体内的各种自由基清除剂所清除而不至于侵害人体。这类自由基清除剂包括一系列酶如SOD（超氧化物歧化酶）、过氧化酶等，还有一些小分子有机抗氧化剂如维生素A、维生素 E、维生素 C 等。当机体衰老或者自由基的产生高于平常时,或者由于某一环节变得薄弱,机体内清除自由基的能力出现急性或慢性减弱,从而清除不了多余的自由基,这样就使自由基的产生与清除失去了平衡。过剩的自由基对构成组织细胞的生物大分子化学结构发生破坏反应,随着破坏层次的逐步扩展,会损伤正常组织形态和功能的完整性。当损伤程度超过修复或丧失其代偿能力时,组织的机能就逐步发生紊乱及障碍,表现出机体逐渐趋于衰老。人胎素富含维生素 B_1、B_2、B_6、C、E、烟酸等,并且含有超氧化物歧化酶(SOD),科学研究已知这些物质是有效的自由基清除剂,能清除人体多余的自由基,从而保护机体,防止人体衰老。

4.内分泌学说

人体有一种腺体细胞、在酶的参与及催化下,这种细胞可分泌各种激素,通过对酶活性中心的调节来控制各种物质的代谢,如果人体内酶的活性下降,调节能力减弱,会导致内分泌功能紊乱、激素功能失去活性,人体生理机能就会退化,产生病变,表现为衰老。人胎素含有蛋白质、脂肪、糖和有助于体内生化反应的各种营养物质,还含有 DNA 合成酶、RNA 合成酶、蛋白质合成酶、碱性磷酸脂酶、透明质酸酶等 55 种以上酶类物质及多种激素:促性腺激素 A 和 B、催乳素、促甲状腺素、催产素样物质、多种甾体激素为雌酮、雌二醇、雌三醇、孕甾酮、雄甾酮、去氧皮质甾酮、11-羟氢皮质甾酮(化学物 A)、可的松(化学物 E)、17-羟皮质甾酮(化学物 F)等。微量生物激素甾体对相应腺体和人脑的刺激,达到腺体功能正常和脑营养补充。临床实验表明其对维持人体内分泌正常、协调,延缓衰老等具有确切的功效。

5.免疫学说

这种学说认为:人体衰老的根本原因一是人体的中枢免疫器官之一的胸腺在人成年后随着年龄的增长逐渐萎缩退化,胸腺激素的分泌量也逐渐降低，至老年时明显萎缩，导致人体免疫能力下降；二是人体免疫细胞和物质的减少与缺乏导致人体免疫功能退化。免疫能力的下降间接引发病变衰老。

以上几种学说，都是为了探索衰老机制，有的从整体水平上论述，有的从细胞、组织、器官水平上论述，有的则从细胞及分子水平上论述，虽然目前还没有一种公认的学说，但对衰老原因的认识却有很大进步。由于在某种意义上讲，生理性衰老即为亚健康状态，相信在不远的将来，人类亚健康之谜一定会被揭开。

四、衰老的检测和判定方法

衰老主要根据临床表现来判定。

生理衰老的表现：

1.人体结构成分的衰老变化

①水分减少。60 岁以上老年人全身含水量男性为 51.5%（正常为 60%），细胞内含水量由 42%降至 35%，女性为 42%～45.5%（正常为 50%），所以老年人服用发汗退烧药要注意发生脱水状况。

②脂肪增多。随着年龄的增长，人体新陈代谢逐渐减慢，所消耗的热量逐渐降低，因而食入的热量常高于消耗量，所余热量即转化为脂肪而储积，使脂肪组织的比例逐渐增加，身体逐渐肥胖。人体脂肪含量与水含量呈反比，脂肪含量与血总胆固醇含量呈平行关系，因此血脂随着年龄的增大而上升。

③细胞数减少，器官及体重减轻。细胞减的情况随年龄增长而逐渐加剧。75 岁老人组织细胞减少约 30%，由于老年人细胞萎缩、死亡及水分减少等，致使人体各器官重量和体重减轻，其中以肌肉、性腺、脾、肾等减重更为明显，细胞萎缩最明显的是肌肉，肌肉弹性降低、力量减弱、易疲

劳。老年人肌腱、韧带萎缩僵硬,致使动作缓慢,反应迟钝。

④器官功能下降。主要表现在各器官的储备能力减小,适应能力降低和抵抗能力减退,等等。

2.老化性代谢(三大代谢平衡失调)

在代谢上,青年期的特点是进行性、同化性和合成性,而老年期的特点则是退行性、异化性和分解性,这种倾向通常在衰老症状出现前就已开始了。

①糖代谢的变化。老年人糖代谢功能下降,有患糖尿病的倾向。研究证明,50岁以上糖代谢异常者占16%,70岁以上异常者占25%。

②脂代谢的变化。随着机体的老化,不饱和脂肪酸形成的脂质过氧化物易积聚,后者极易产生自由基,血清脂蛋白也是自由基的来源,随着年龄的增长,血中脂质明显增加,易患高脂血症、动脉粥样硬化、高血压及脑血管病。

③蛋白质代谢的变化。蛋白质代谢的衰老变化是人体生理功能衰退的重要物质基础,随着老龄化,血清白蛋白含量降低,总球蛋白增高,而且蛋白质分子可随年龄的增长而形成大而不活跃的分子,蓄积于细胞中,致使细胞活力降低,功能下降。老年人蛋白质代谢分解大于合成,消化、吸收功能减退。随年龄的增长,老年人各种蛋白质的量和质趋于降低。蛋白质轻度缺乏时,会出现易疲劳、体重减轻、抵抗力降低等症状。严重缺乏时则可导致营养不良性水肿、低蛋白血症及肝、肾功能降低等。如果老年人长期过量进行高蛋白饮食,会增加功能已减退的肝、肾等器官的负担。随着年龄的增长,在蛋白质合成过程中易发生差错,导致细胞的衰老与死亡。

④无机物代谢的变化。老年人的细胞膜通透功能减退,离子交换能力低下,最显著的无机物异常代谢表现为骨关节性,尤以骨质疏松为甚。

3.适应能力的变化

老年人对内外环境的改变的适应能力下降，体力活动时易心慌气短，活动后恢复时间延长。对冷、热适应能力减弱，夏季易中暑，冬季易感冒。一些年轻人很易应付的体、脑力劳动，老年人常难以负担。

五、心理衰老表现

心理衰老的表现千变万化，一些研究人员归纳几种较为明显的变化特征，其主要表现有：

①记忆力障碍，特别是近期记忆障碍最为突出。如刚说过的话、做过的事，一转身就忘了，常常记不起随手放的东西。

②想象力衰退。理想逐渐丧失，幻想越来越少；做梦日益减少，且平淡；缺乏好奇心。

③思维活动迟缓。理解能力减退，注意力不易集中，学习新东西吃力。

④言语衰退。讲话变得缓慢而吵嚷。

⑤感觉、知觉衰退。眼花，听力下降，味觉迟钝。

⑥情感变得不稳定、较易动感情和感情上被人同化，常流泪，常感焦虑、烦躁。

⑦兴趣爱好减少。生活感兴趣的范围变小了。不太有兴趣看有关爱情的小说、电影、电视，不喜欢参加集体活动。

⑧反应能力下降。动作不如以前灵活，对事物的感知不如以前敏感，睡眠时间减少。

⑨意志衰退。做事缺乏毅力和探索精神，变得不想做事。

⑩产生衰老感和死亡感。总感到自己老了，会想到死亡。

⑪性格比青壮年更容易受疾病、心理和社会因素的影响而发生变化。

⑫容易焦虑不安，尤其是当环境中有不利因素时，就更容易出现焦虑不安的状态。

⑬情绪容易发生明显的变化。一方面趋于冷漠、反应降低；另一方面，受到刺激易出现失控状态。

⑭敏感多疑。老年人感觉器官不敏锐，对似是而非的事却很认真。

⑮易产生孤独感。性格变得较为内向，喜欢重温过去的回忆。

⑯容易自卑。感到老了，不中用了，如遇到生活、疾病等诸多困难时，均可能过分伤感。

⑰习惯心理巩固化。年龄越大形成的习惯越固定。

⑱个性心理特点明显，老年人比年轻人更显个性化，多表现为固执、刚愎自用。

作为老人，怎样才能延缓心理衰老呢？

离岗后仍要在社会活动中去感受各种信息和生活情趣，使思维不断变化，脑细胞活力和脑功能维持在一定水平，能防止自卑感和痴呆病的出现。与人为善也是预防心理衰老的重要措施，与身边的人应尽力和睦相处，并给予力所能及的帮助和支持，这会使自己的心情无限欢愉。对家庭成员和邻里的过错不必过分指责，对他人所取得的成绩无需嫉妒。这便是“仁者寿”的道理。

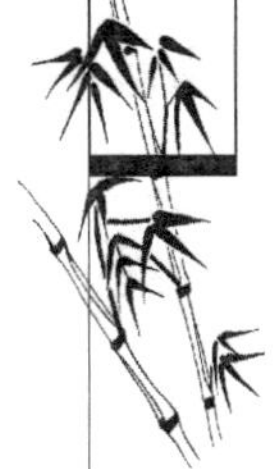

现代生活为预防心理老化提供了许多条件：音乐茶座、电视新闻、众多的书报及各种运动等，所有这些，都足以使自己充实，心理自然变得健康。

六、人类的寿命极限

人类的最高寿命目前正在稳步地延长，研究人员发现，仍然健在的最老寿星的年龄呈现出一个不断上升的趋势。例如，生于1756年卒于1857

年的老寿星年龄为101岁，而生于1884年卒于1993年的老寿星年龄为109岁。在19世纪60年代最老的寿星卒于101岁，这一记录到20世纪60年代缓慢上升至105岁。但在此后的40年中，这一记录迅速上升，到20世纪90年代已上升至108岁。

加州大学教授威尔茅斯指出，环境卫生的改善、公共卫生质量的提高以及供水安全度的增高对于延长人类的寿命起到了促进作用。他说，如今的老人在儿童时期不像上几代的儿童那样体弱多病，他们正是得益于此，而这一变化发生在80~100年之前。1970年以后，寿命延长的趋势开始加快。这与人类在某些医疗实践方面所取得的突破密不可分，如人们对于心脏病和中风的了解及治疗。

威尔茅斯教授否认了以前所谓的人类寿命无法超过120岁的理论。他说，想估算出一个确定的寿命上限是没有科学根据的。威尔茅斯指出，研究表明人类的最长寿命正在发生改变。寿命在生理学上并不是一个不变的常数，它是否能够无限制地延长下去目前还很难说，而且也没有迹象表明寿命延长的趋势正在减缓。在时间的长河中，人类正在不断打破生命的界限。

人到底能活多少岁？人的自然寿命究竟有多长？这是每个人都十分关心的问题。古希腊科学家和哲学家亚里士多德认为：“动物中凡生长期长的，寿命也长。”法国著名的生物学家巴丰指出，哺乳动物的寿命为生长期的5~7倍，通常称之为巴丰系数或巴丰寿命系数。人的生长期为20~

25年,因此预计人的自然寿命为100~175年。

20世纪初,路比勒提出代谢率和个体大小寿命相关,认为个体大的哺乳动物比个体小的代谢率低而寿命长。弗里德洛尔提出脑部发育与寿命密切相关,认为哺乳动物的头盖系数愈大,则寿命愈长,人类的头盖系数为0.7,因此寿命可达百年。20世纪60年代实验证实,人体的成纤维细胞在体外培养时可分裂50次左右,然后细胞衰老死亡。体外培养细胞的分裂次数通常称为传代次数,与生物个体的寿命长短相关,来自长寿个体的细胞在体外培养时传代次数多。人的细胞传代次数一般为40~60次,由此推算出人的最高寿命应约为110岁。

七、衰老的预防

一个国家或者一个地区,60岁以上的老年人口达到总人口的10%或65岁以上老年人占总人口的7%以上,则进入老龄化社会。此为世界通用的衡量老龄化社会的标准。

中国是世界上老龄人口最多的国家,目前60岁以上老年人口已经超过2.4亿,占总人口的17.3%。未来50年,中国面临的人口老龄化形势将更为严峻。

从以上数据可以看出:我国老龄人口基数之大,发展速度之快在世界上是极其特殊的。极快的经济与社会发展速度,必然会带来生活观念、社会环境、行为方式等一系列的改革和变化,社会竞争的加剧导致工作压力增大,而且在高科技的推动下的现代社会的发展不可避免地对环境带来了一定的负面影响,诸如此类变化,导致亚健康人群与日俱增,因此对老年人的亚健康状态应引起高度重视,要采取综合措施抵抗衰老。

1.生活要有规律

谈到生活规律,就是指一天安排要形成良好的规律,如起居有常,早

睡早起,以不睡懒觉为好。一日三餐要定时,如早餐6点半,午餐12点,晚餐6点半,时间应相对固定。可根据一年四季适当调整起居饮食时间,也就是中医所说的"顺应四时"。生活有规律可以使人体各个系统功能较为正常,有利于营养的消化吸收,使人有充沛的体力去工作。冬季应该早睡晚起——传统养生学认为,人生于天地之间,其生命活动就要与大自然的变化保持一致,需要根据四季气候变化的规律而改变自己的日常生活规律,以顺应自然,这就是"天人相应"的思想。

2.饮食要合理

随着人们生活水平的提高,物质极大丰富,工作、社会交往频繁,一些人外出就餐机会增多,这样极易造成饮食的不合理。如暴饮暴食、食无定时、食无节制、挑食偏食,日久就会造成营养过盛,或营养素的不均衡,从而出现高血脂、高血压、糖尿病、肥胖等多种饮食不合理造成的疾病。中医说,"高粱厚味,足生大疔",说的就是多食肥甘厚味,可使人生疮长疔。过量饮酒可造成脂肪肝及酒精性肝硬化。所以要想饮食合理,最好的办法就是在家吃饭,因为家里可根据身体情况做到营养合理,荤素搭配,食量适度。人到中年后,要多吃蔬菜、水果及高蛋白食物(如牛奶、鸡蛋等)、低脂肪的食物。这样可以预防心脑血管疾病或延迟一些中老年性疾病的发生。巧食五味科学养生——人们的口味千差万别,酸、甜、苦、辣、咸,各不相同。中医养生认为,为了健康,各种味道的食物都应该均衡进食。

3.坚持适当的运动

生命在于运动,大家都明白这个道理。但如何运动,运动量多大为宜,却不是每个人都能科学把握的。我认为最好的运动是散步,这是大多数人都容易做到、容易坚持的。可根据每个人的体质等因素选择步行的长度,一般来讲,路程以3~5千米为宜。晨起或晚饭后均可进行。散步是有氧运动,好处很多:有助于消化,对慢性胃炎可起辅助治疗作用;防止腿脚的退化;提高心肺功能;降低血压;还可以使人精力充沛、提高工作效率、改善睡眠质量;等等。对于中青年人来说爬楼梯也是一项很好的运动。工作或生活在高层建筑中的人,可选择逐渐增加的方式锻炼,如先爬3层,一个月后增加1~2层,逐步增加至10层左右,每天爬2~3次,同样能达到锻炼目的。当然,40岁以上的人最好不要爬楼梯,因为年龄偏大,关节过多负重会促进老化。现在有一些人因为工作忙,每周只能抽出1~2小时运动,这是远远不够的。要想增强体质,提高抵抗力,还是要选择易掌握、易坚持的运动项目。人们都知道体育锻炼对健康的重要性,一方面,适度的运动可以促进血液循环和新陈代谢,调节和兴奋大脑神经中枢,增强和提高免疫力;另一方面,运动还可以增加饮食,提高睡眠质量。但在锻炼身体的时候,要把握好锻炼前、锻炼中和锻炼后这三个环节,这样才能达到锻炼的最佳效果。

老年人运动的原则有以下几个方面:

①运动应从实际出发,根据年龄、性别、健康水平及锻炼习惯等情况,选择适宜的运动项目,合理地安排强度与时间。在锻炼前最好做一次较为全面的体格检查,对自己的身体情况作出正确的评估。做到心中有数,量力而行,切忌盲目进行运动。

②循序渐进是老年人进行锻炼必须遵循的原则。开始锻炼时运动量要小,适应后再逐步增加

和达到适宜的运动量;锻炼的动作应由易到难,由简到繁,由慢到快;锻炼的时间应从短到长,每次运动时要由静到动,由动到静,动静结合,逐步过渡。

③运动锻炼要持之以恒。进行体育锻炼要想取得成效,不在于锻炼项目的多少,关键在于坚持。在合适的运动量的基础上,能坚持天天锻炼最理想,如有困难,则可以每周不少于3~4次。每次锻炼20~30分钟即可。坚持不懈,日积月累,老年人的健康就有了保障。

④老年人锻炼时要选择自己力所能及的运动项目。一般说,体质强壮的健康老人可选择运动量大的项目,如游泳、球类等;体质差的老年人可选择运动量较小的项目,如太极拳、保健按摩等。避免进行快速、旋转、爆发力强、前倾后仰、低头、深弯腰等运动。

⑤老年人在锻炼过程中要加强自我监护。自我监护的内容包括两个方面,即主观感觉和客观检查。主观感觉一般包括运动前、中、后各种感觉,主要有食欲、睡眠状况,有无疲乏感,运动中有无心悸、气促、头晕,等等。客观检查包括脉搏、呼吸、体重等。

⑥老年人的锻炼有一定的限制性,患有高血压、冠心病、肺气肿等疾病者,应在医师指导下进行锻炼。凡病情不稳定或不许可时应停止锻炼。值得一提的是,老年人在进行锻炼时尽可能避免独自一人或在偏僻环境中进行,尤其是患有某种心脑血管疾病的老年人。

适合于老年人锻炼的项目有散步、健身跑、游泳、骑自行车、球类运动(健身球、乒乓球、羽毛球、网球、门球、台球、高尔夫球等)、跳舞、民族形式的健身运动(太极拳、五禽戏、八段锦)等。

4.注重心理卫生保健

①充实精神生活内容。退休老人有许多空闲时间,学习则是填补空闲时间的一种好办法。老年人应根据自己的兴趣和爱好,学习一些保健

知识、生活常识、艺术创作与欣赏和满足自身兴趣的知识。以各种形式参与社会,联系社会,进行力所能及的就业劳动、社会劳动、余暇娱乐活动等。

②安排好家庭生活。家庭是老年人晚年生活的主要场所,妥善地处理好夫妻与子女及亲属的关系,建立一个和睦的家庭环境非常重要。

③保持生活规律。养成良好的生活习惯,如起居、饮食、戒烟限酒等。

第八节　亲密接触之七:空调综合征与亚健康

夏季,在有空调的房间里工作、学习、聊天,是一件十分惬意的事情,但使用空调的背后,往往隐藏着危机,稍不注意,就能惹病上身。由于空调房间与室外的温差较大,如果人们经常进出空调房间,就易出现咳嗽、头痛、流涕等感冒的症状。在盛夏季节经常使用空调器的人常有上述经历。如果在空调房间温度调得较低的地方待的时间过长,又衣着单薄,就会引起或关节酸痛,或颈僵背硬,或腰沉臀重,或肢痛足麻,或关节僵痛,或头晕脑涨,或肩颈麻木。此外,如果在空调房间待得太久,由于空气不好,容易使人头晕目眩。这些症状就是空调综合征,俗称空调病。

由于夏季气温高,穿着比较单薄,长时间待在低温环境里,“冷”感觉

传至体温调节中枢，指令皮肤血管收缩，汗腺停止分泌，以减少散热，保持体温；“冷”感觉使交感神经兴奋，导致腹腔内血管收缩，胃肠运动减弱，从而出现诸多相应症状。寒冷刺激女性躯体，可影响卵巢功能，使排卵发生障碍，月经失调。除上述冷的因素外，门窗密闭，缺少新鲜空气；空调房内、外气温相差过大；以及虽有空调过滤器能排除大部分灰尘，却无法排除微生物，致使病菌容易在空调房内寄宿、生长繁殖。

一、空调病的两种类型

1.空调不适症

一份“空调对人体健康影响的调查”表明：40%的人有头痛、烦闷、眩晕、胃肠不适与皮肤干燥等症状，原因一方面是安装空调设备的房间均为密闭式，室外产生的负离子经过空调进入室内已明显减少，达不到人体所需要的量；另一方面是过敏性反应。在装有空调器的家庭里，由于有宜人的温度、柔软的卧具和地毯等，使一种引起过敏性反应的致病元凶——螨虫得以大量繁殖。它们生长繁殖时排出的分泌物，会随着灰尘布满房间，这些异体蛋白被吸入呼吸道后，可诱发或加重一些过敏反应性疾病，如哮喘、花粉症、湿疹等。

2.细菌感染性疾病

空调器可以说是容纳各种微生物的一个大“储存器”。一些致病性微生物如金黄色葡萄球菌、绿脓杆菌、结核杆菌等都可在空调器内储留，因和温度适宜而生长，一旦室内空气受到这些细菌的污染，空调器就会成为疾病的传播媒体。尤其是结核杆菌在门窗紧闭，得不到充分阳光照射的恒温的空调房里最适合生存，极易使免疫功能较差的幼儿和老年人感染。

二、如何预防空调病

对于有些教师，长期处在装有空调的室内，应如何防范空调综合征呢？

①使用空调必须注意通风，每天应定时打开窗户，关闭空调，增气换气，使室内保持一定的新鲜空气，且最好每两周清洗空调机一次；

②从空调环境中外出，应当先在有阴凉的地方活动片刻，在身体适应后再到太阳光下活动；若长期在空调室内者，应该到户外活动，多喝开水，加速体内新陈代谢；

③空调室温和室外自然温度不宜过大，以不超过5℃为宜，夜间睡眠最好不要用空调，入睡时关闭空调更为安全，睡前在户外活动，有利于促进血液循环，预防空调病；

④在空调环境下工作、学习，不要让通风口的冷风直接吹在身上，大汗淋漓时最好不要直接吹冷风，这样降温太快，很容易发病，应先脱掉湿衣，并擦干汗水；

⑤工作场所注意衣着，注意身体保暖，尤其对一些对冷比较敏感的部位如膝盖、小腹、腰要注意用衣服覆盖，达到空调环境中的保暖要求；

⑥应经常保持皮肤的清洁卫生，这是由于经常出入空调环境、冷热突变，皮肤附着的细菌容易在汗腺或皮脂腺内阻塞，引起感染化脓，故应常常洗澡，以保持皮肤清洁；

⑦使用消毒剂杀灭及放置除湿剂，防止微生物的生长；

⑧严禁在室内抽烟；

⑨不要站在空调机的送风口下，由冷风直面而吹。因为除了冷风直吹对身体无益之外，最重要的是送风口常常是细菌滋生的地方，面对着送

风口，如同直接把空调里的病菌吸进嘴里。

此外，如果教师在炎炎夏日出现感冒发热、肺炎、口眼歪斜时应及时就医。

第九节　亲密接触之八：电脑综合征与亚健康

电脑对人体生理和心理方面的负面影响已经不容置疑。在电脑普及程度比较高的国家里，一种被称作电脑综合征的现代病的发生率在增长。目前，我国的电脑普及率也在日益提高，尤其是学校在普及网络化、多媒体教学，使得教师对电脑的依赖程度日益增加。电脑综合征主要发生在长期从事电脑操作、程序编制的人员中,因中枢神经失调引起头痛、失眠、心悸、多汗、厌食、恶心以及情绪低落、思维迟钝、容易激怒、常感疲乏等症状。女性教师还可能出现月经不调等现象。随着电脑使用的频繁度越来越高,教师应注意防范电脑综合征的发生。

调理电脑综合征有什么要求呢?良好的工作环境,正确的坐姿,正确的击键方式,经常洗脸和洗手,合理的膳食,持之以恒的体育活动。

电脑综合征的表现之一是腕管综合征。该征是指人体的正中神经在进入手掌部时,受到压迫所产生的症候,主要表现是食指、中指疼痛、麻木和拇指肌肉无力感。现代越来越多的人每天长时间接触、使用电脑,教师无论是在学校还是下班回家肯定得与电脑打交道,与学生沟通,查收邮件,浏览网页,等等。每天重复着在键盘上打字和移动鼠标,手腕关节因长期频繁、反复和过度活动,逐渐造成腕关节的麻木和疼痛,使这种病症迅速成为一种日渐普遍的现代文明病。

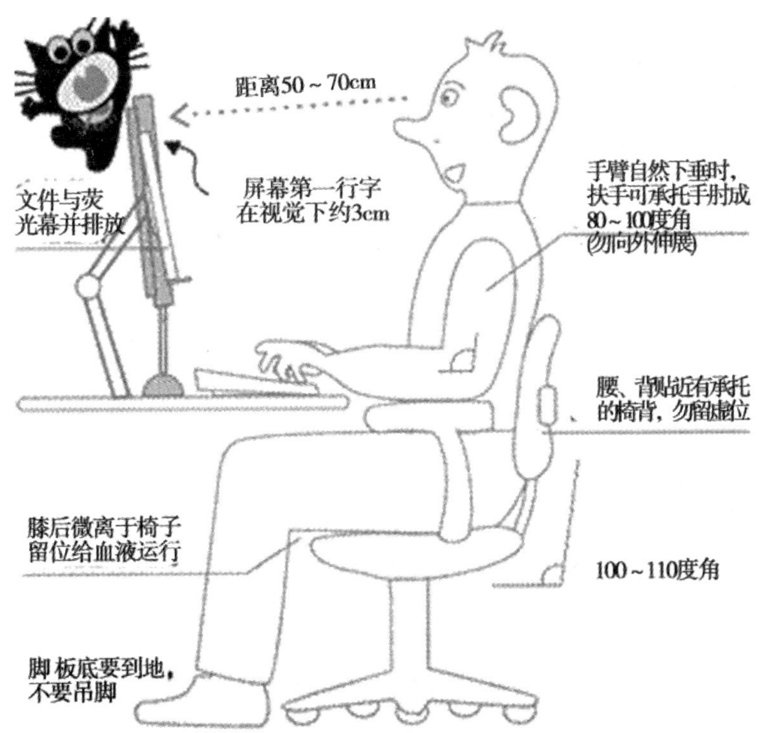

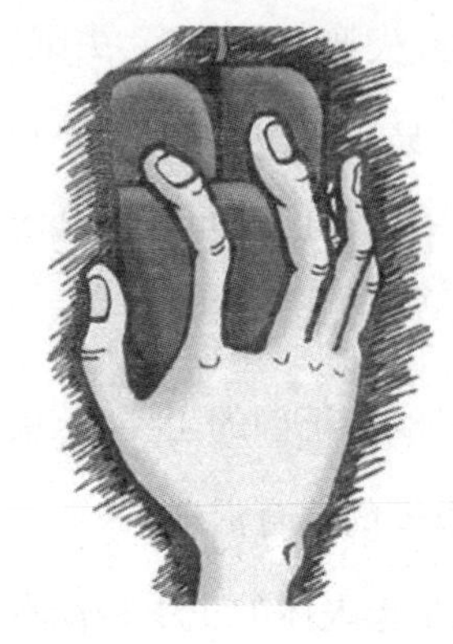

有人将这种不同于传统手部损伤的症状群称为"鼠标手"。

其早期的表现为手指和手关节疲惫麻木,有的关节活动时还会发出轻微的响声,类似于平常所说的缩窄性腱鞘炎的症状,但其累及的关节却比腱鞘炎要多。手外科专家认为,鼠标比键盘更容易造成手的伤害,因为人们使用鼠标时,总是反复集中机械地活动一两个手指,而配合这种单调轻微的活动,还会拉伤手腕的韧带。其他也能造成类似影响的职业,都是和频繁使用双手有关。如音乐家、编辑记者、建筑设计师、矿工等,教师也在其中。据来自新加坡的调查,女性是腕管综合征的最大受害者,其发病率比男性高3倍,其中以30~60岁者居多,这是因为女性手的腕管通常比男性小,腕部正中神经容易受到压迫。所以此病更值得女教师注意预防。

专家提醒,要使用多种不同的输入方法,不要连续在电脑前工作过长的时间,在连续使用鼠标一个小时之后就需要做一做放松手部的活动。

第十节　亲密接触之九:网络综合征与亚健康

网络综合征(Net Synthesis)是人们由于沉迷于网络而引发的各种生理、心理障碍的总称。这是新近出现的疾病之一,目前许多国家都正在开展对它的研究。

现在研究焦点在成瘾性(依赖性)、人际关系(包括网友、网恋、现实生活中的人际障碍等)、创造毁灭欲和与此有关的抑郁症、躁狂症等,而对于由于辐射、荧屏闪烁、久坐、注视疲劳等造成的生理和心理疾病则因时间、精力的限制研究比较少。

网络是一个庞大的信息系统,普通人是在日常信息交流中接到日常信息,看到、听到的是一些正常的东西。但对教育工作者而言,我们必须看到信息网络中确实有相当多的变异信息路径,而此时的年轻人正处于敏感、好奇,富有幻想时期,特别是世界观没有形成,一旦心路和这些变异信息路径接上,往往不能自拔,新奇、幻想不断,在变异的信息路径上越走越远。这样下去,会对身体、心理产生许多不良影响,乃至产生心理障碍。可怕的是这些变异信息路径往往产生变异信息效应,使人在特定的情形下产生听视上的变异,即医学中所说的幻视和幻觉,这些结果不仅给个人带来不良结果,有时还会给社会带来不良影响。

一、网络综合征主要症状

网络综合征主要症状有:上网后精神极度亢奋并乐此不疲,长时间使用网络以获得心理满足,上网后行为不能自制,或通过上网来逃避现实,并时常出现焦虑、忧郁、人际关系淡漠、情绪波动、烦躁不安等现象;对家人和朋友隐瞒自己是“网虫”;上网时间每次都超过原来计划,甚至整夜地游荡在虚幻的环境中,而到白天工作学习时则昏昏欲睡,对现实生活无兴趣;不上网时手指会不停地运动,严重时全身打战、痉挛、摔毁器物;甚至只是为了活下去不得不吃饭和睡觉。

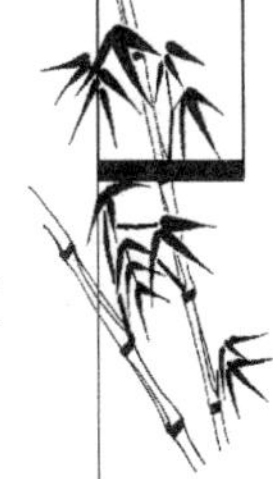

二、网络综合征自我诊断

网络综合征日益增多,有很多地方开办了电脑疾病门诊。如果以下问题答“是”,那你一定有网络成瘾的倾向。

①如果有一段时间不上网,你是否就会变得明显地焦躁不安、不可抑制地想上网、时刻担心自己错过了什么,甚至做梦也是关于因特网的;

②你是否原打算只上网15分钟,最终竟超过2小时以上;

③你每月的电话费是否越来越多;

④是不是自从你买了计算机,你的父母、朋友、姐妹、兄弟等就开始抱怨你的电话永远占线;

⑤是不是你每天通宵达旦,蜷缩在黑漆漆的小角落里,两只眼睛牢牢地盯着一个闪着蓝幽幽光芒的屏幕;

⑥是不是大家找你会先去校门口的那个网吧,而不是你的寝室;

⑦是不是你从一大早坐在电脑前面,太阳下到山的那一边的时候,才想起功课只做了一点点;

⑧你是否意识到上网带来的严重问题,但仍然继续用大量的时间上网;

三网络综合征解决方法

对于上网之人来说,一定要注意保持正常而规律的生活,不要把上网作为逃避现实生活问题或者消极情绪的工具;上网要有明确的目的,有选择性地浏览自己所需要的内容;上网过程中应保持平静心态,不宜过分投入。

平时要丰富业余生活,比如外出旅游、和朋友聊天、散步、参加一些体育锻炼等。

在饮食上要注意多吃一些胡萝卜、荠菜、苦瓜、动物肝脏、豆芽、瘦肉等含丰富维生素和蛋白质的食物。

出现早期症状，应及时停止操作并休息。必要时可安排心理治疗。上网时间不宜过长，电脑荧屏的电磁辐射对人体健康不利，娱乐有度，不可过于痴迷。上网之前先限定时间。看一看你列在纸上的任务，用1分钟估计一下大概需要多长时间。假设你估计要用40分钟，那么把小闹钟定到20分钟，到时候看看你进展到哪里了；要注意远离一切色情、暴力性节目。身体虚弱的成人最好不要上网。儿童、青少年正处于成长发育时期，家长更应对他们加强监督，从严控制，以免他们成为网瘾的受害者。

第十一节　亲密接触之十：信息过剩综合征

近年来，一些25~40岁的拥有高学历的正常成年人会突发一种奇怪的疾病。他们没有任何器质性病变，但会突发性地出现恶心、呕吐、焦躁、神经衰弱、精神疲惫等症状，女性还有停经、闭经或痛经等妇科疾病。发病间隔、起病时间不定。有关专家认定，这是一种心身障碍，未正式公布的名字是信息过剩综合征。

最早提出这个概念的是中国香港中文大学医学部的孙彼得教授。他发现在这个信息爆炸的时代,人们对信息的吸收是成平方数增长的,但人类的思维模式还没有很好地调整到可以接受如此大量信息的阶段,由此造成一系列的自我强迫和紧张,非常接近精神病学中的焦虑症状。

信息过剩综合征,顾名思义,就是由于过量地吸收信息引起的焦虑症状。在信息的吸收过程中,信息接收者并非有一个主动意识,在大多数情况下,是一种被动的吸收。从日常生活上看,每天连续看电视、听广播的人和每天都泡在图书馆或上网查阅资料的人都很容易产生焦虑。

怎样调理信息过剩综合征呢?

其实,信息过剩综合征本身并不可怕,也不用担心它会转为精神病,只要患者能意识到它的起因并正确治疗,是可以有效缓解的。

①每日保证 8 小时的睡眠。

②每日接受信息的媒体不超过两种。

③列出每日的工作计划,尽量减少额外负担。

④每日睡前坚持锻炼 15 分钟。

⑤大量饮水,每日饮水量要超过 3000 毫升。

⑥生活有规律,减少夜间娱乐,严禁饮酒。

从教师职业的角度讲,避免信息过剩综合征的最好的办法,是尽量使自己的生活简单化,减少不必要的应酬和交际活动。

第十二节　亲密接触之十一：电视综合征与亚健康

据调查：每天看电视平均 3 小时以上的人，就有可能患上电视综合征。有关研究表明，大约有 50 种疾病与看电视有关，主要的有以下几种：

1.斑疹

电视荧屏表面存有大量静电荷，其聚积的灰尘借光束的传递射向人们的面部，如不及时清洗面部，就会生出难看的斑疹。

2.干眼病

长时间盯着荧屏，会使眼结膜充血、干燥，更会使视网膜的感光功能失调，引起视觉障碍，造成自主神经功能紊乱。

3.肠胃病

一边看电视一边吃饭，会使胃肠功能紊乱。据统计，在看电视 3 小时以上的人中，有 40%都有胃下垂、胃溃疡等症状。

4.电视孤独症

3~7 岁儿童看电视时间长，会养成一

种非常孤独，与他人难以沟通的性格，这是一种心理疾病。

5.感冒

因看电视时间多，户外活动时间少，缺乏阳光浴，呼吸不到新鲜空气，人血液运行不畅，躯体活动不灵，不能适应室内外环境，机体免疫力降低，所以很容易感冒。

6.肥胖症

看电视使人体力消耗减少，皮下脂肪堆积。人们看电视时还会无限制地吃高热能的零食。另外，电视中的食品广告也有增进食欲的作用等。

7.加重心血管疾病

在观看刺激性强的节目，会使血压增高或心脏病发作等。

8.电视腿

看电视久坐使下肢血液回流受阻，产生胀、麻、疼等症状；因静脉血管壁薄，易受压，导致血流受阻，促进血凝过程，下肢静脉血栓形成，形成电视腿。

9.尾骨病

长时间坐在电视荧屏前，会出现不同程度的尾骨部疼痛，有时向臀部和大腿放射，叫电视性尾骨病。

第十三节　亲密接触之十二：手机综合征

疾病名称：手机综合征

高发人群：拥有手机且手机用途主要是发微信的青年一族

是否有传染性：是

危害性：大小不一，因人而异

都市里流行的一种“病”。目前我们还不能确认这是一种什么病，但它真的越来越像一种病了。这种病和手机有关，确切地说和微信有关。“我怀疑自己得了病！”朋友小张小声地说。据该“患者”自述，他发现自己对手机微信有了一种难以摆脱的迷恋，最近由于微信量少了，心情非常地焦躁不安，甚至失眠。笔者于是仔细观察了一下周围的人，并且作了一次广泛的调查访问。结果令人大吃一惊，这种病不仅广泛存在，而且传染性极强，我们之所以平时没有太留意，纯粹是因为见惯不怪，习以为常。由于医学界尚未对此病给予足够关注，也没有正式命名，我们姑且称之为“微信综合征”。

一、典型症状

症状一：在一段时间内没有听到手机铃声响起，便会烦躁不安，心情低落，同时伴有间歇性呓语：“没人理我……”“我是一个被世界抛弃的人……”，患者表情悲切，眼神迷离。此类呓语也有可能在心里进行，因此也要注意观察其神态动作。他会在做其他事时不经意地瞅着自己的手机，若铃声响起一个音符或手机有震动趋势，他便以迅雷不及掩耳之势，一把抓起手机查看，其神色极度亢奋，眉高耸、口微张、眼睛熠熠发光，重症患者甚至伴有身体其他部位的无意识动作。

症状二：幻听。常有“于无声处听惊雷”之效果，若手机久久没有动静便易产生幻听，打开手机未发现新信息，仍一头雾水口称“奇怪”。在大街上听到与自己手机铃声相似的音乐时总会下意识地摸摸口袋里的手机，重症患者则必会掏出手机看个究竟，虽然明知道不是从自己兜里发出的声音。也许这就是传说中的“强迫症”。

症状三：离开手机一刻便坐立难安，似乎心里少了点儿什么，空荡荡地难受，又像是错过了什么，感到莫名的焦虑，以致无法全身心投入到身边的事中。此时手机仿佛伸出一只手挠得你心痒痒，你恨不得立刻将那玲珑可爱散发迷人气息的小东西变出来捧在手上细细端详。如果这种情况发生在出门几分钟之内，你定会一个箭步冲回去取，绝对不辞劳苦。

二、手机对人体健康的影响

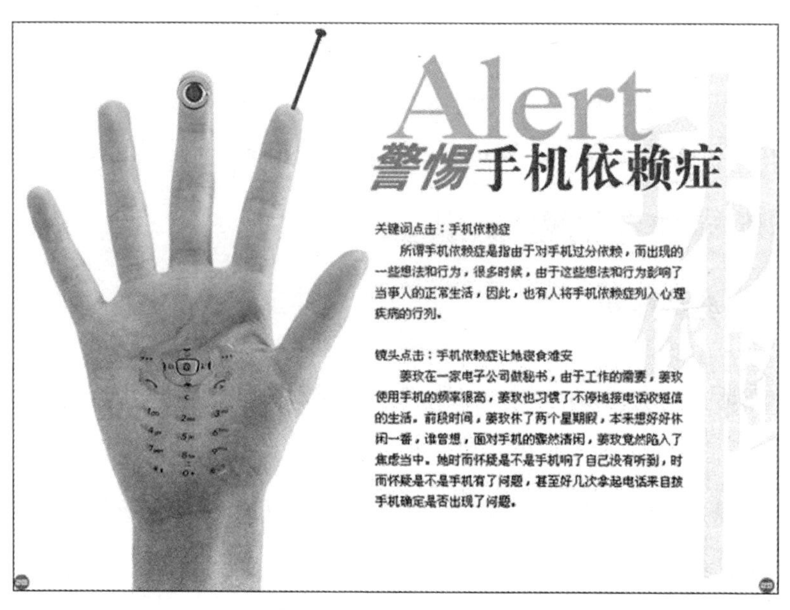

1.对心血管系统的影响

手机挂在胸前，会对心血管系统和内分泌系统产生一定影响。因为手机辐射最严重时，就是在刚刚接收或发送信号的时候，即使在待机状态下，手机周围也存在电磁波辐射，虽不及接通时危害大，但长时间也会对人体造成伤害。另外，德国医学研究人员发现，手机会在很大程度上导致血压升高。德国神经病临床大学布劳内博士在《刺血针》杂志上发表文章说，通过对10名青年进行实验研究，手机所发出的射频磁场使他们的血压上升。研究人员认为，手机之所以导致血压上升，原因是射频电磁场造成血管收缩。

2.对内分泌系统的影响

有研究表明,电磁辐射会影响内分泌功能,导致女性月经不调。另外,电磁波辐射还会影响正常的细胞代谢,造成体内钾、钙、钠等金属离子紊乱。

3.对睡眠的影响

瑞士科学家最新研究表明:使用手机等移动通信设备产生的电磁场对人的脑电流造成干扰,这一效应在使用者睡眠期间更加显著。他们在受试者床头安置一个天线,使其产生的电磁场与手机工作时所产生的电磁场一致。在半个小时的试验期间,研究人员不断开关这个电磁场,同时观察睡眠中受试者的脑电流。结果,受试者的脑电流频谱在几分钟内就发生明显变化,表现为脑电流的夜间活跃期缩短,其效应与服用安眠药类似。在另一试验中,阿赫曼教授让受试者暴露在模拟的手机电磁场之中半小时后再入睡,结果受试者普遍因兴奋而睡眠质量下降,第二天出现明显的疲劳状况。他认为,手机等移动通信设备对大脑的深层结构可能有影响。

4.对记忆的影响

一项以老鼠做实验的研究显示,手机发出的微波辐射除可能影响使用者短期记忆外,更可能殃及长期记忆,把早已贮藏在大脑的记忆洗掉。报道指出,美国华盛顿大学专门研究手提电话的专家黎亨利,将100只老鼠放进一个盛满水的大桶中,水中央则放置一个救生浮台,然后训练老鼠爬上浮台求生。为了让爬上浮台的印记留到老鼠的长期记忆中,他重复训练该批老鼠6次。经过训练后,黎亨利把其中50只老鼠暴露于与手提电话类似的微波辐射中。结果发现,另外50只没有暴露在微波辐射之中的老鼠,仍能轻车熟路地由水中爬上浮台;但受微波影响的老鼠,则差不多全部丧失记忆,不懂如何爬向浮台。黎亨利称,过去的实验曾认为使用手提电话会令人丧失短期记忆,忘记了一些刚做过或看过的事。此次实验显示,手提电话对长期记忆,即一些已学会及贮存在大脑内的知识,亦有显著影响,可能会使人失去根深蒂固的记忆。

5.加速人的衰老

使用移动电话是否损害健康至今尚无定论,但可以肯定的是负面影响绝对存在。英国诺丁汉大学生物科学院的研究显示,当人体细胞暴露在移动电话释放出来的微量辐射中时,会出现与受热相同的反应,情况就好像在阳光下暴晒一样,身体的防御系统启动,蛋白质黏着细胞加以保护,而移动电话的低幅度辐射,也令蛋白质出现黏合状态,像这样死黏着细胞不放,慢慢就会使细胞无法正常运作,出现未老先衰现象。

6.头痛与使用手机有关

新加坡一项调查结果显示,手机使用者患上头痛的概率要比非手机使用者高出30%。调查还发现,使用手机时间越长,患头痛的频率也会相对增加。平均来说每天使用手机超过60分钟的人,患头痛的几率高达65%。

7.对免疫系统及生殖的影响

土耳其半官方的科学技术研究中心报告指出,大哥大电话发射的辐射微波会破坏生物免疫系统及基因,女性因此容易产下畸形儿甚至演变成不孕症。这个研究中心的医学组首席研究员阿勒珊发表的研究报告指出,欧洲国家应仿照香烟盒上的警告标语,在大哥大电话上也加印“本产品有害人体健康”的警示,显示大哥大电话对人体的危害已到了不容忽视的地步。

8.手机焦虑症

如今,通信科技日渐发达,越来越多的人不知不觉地开始依赖手机所带来的方便。时间长了一部分人发现自己莫名其妙地多了些毛病,一旦手边离了移动电话,就立刻觉得心里没着没落的,再不就总觉得自己不在服务区内,时不时地就想要掏出来看一下,有的人甚至发展到开始害怕接听电话或惧怕用手机交谈。心理学家分析,像这样的情况,很可能是患了所谓的手机焦虑症。

三、手机焦虑症的测试方法

1.您经常把手机放在身上吗？

2.您会不会总有手机铃声响了的幻觉？

3.接听电话时您是否觉得耳旁有手机的辐射波环绕？

4.您是不是经常下意识地找手机？

5.您是不是经常害怕手机自动关机？

6.您晚上睡觉也开着手机吗？

7.当手机经常连不了线、收不到讯号时，您会对工作产生强烈的无力感吗？

8.最近经常有手脚发麻、心悸、头晕、多汗、肠胃功能失调等症状出现吗？

如果上述问题你的回答有一半以上是肯定的，那么你很可能患有手机焦虑症，或者有患上手机焦虑症的倾向。建议在近一段时间内少用手机，或一有机会就把手机转接到固定电话上。尽量保持好的心情，工作不要贪多，要保留一定的热情，多一些与朋友或家人面对面沟通的机会。如果还没有效果，最好尽快找医师协助解决。

四、使用手机者应注意的问题

1.手机辐射最强的时间一是手机打开的瞬间，二是手机接通的几秒钟内。因此，在这两段时间内，最好不要让手机贴身，或贴耳接听。身边如有其他固定电话可用，就不要使用手机。

2.信号不好的地方使用手机，拉出天线可以改善通话质量，减低电磁辐射强度。

3.尽量减少通话时间，不要"煲电话粥"。如一次通话确需较长时间时，中间不妨停一停，分成两次或三次交谈。当你接听手机侧的头部或脸部感到发热时，应立即停止通话，并用热水擦洗和按摩脸部，促使受伤害组织愈合。如果你频繁使用手机，忽然感到失眠健忘、头晕心悸，又找不到其他原因时，就应减少甚至停止使用手机一两个星期。

4.手机充电时，插座最好离开人体 30 厘米以外，切忌放在床边。

5.日本科学家采用的方法是在手机电池后贴一块长方形的薄片（微型胶贴），薄片中含有电气石。这是一种在中国和巴西可以找到的玉石，据说可以产生阴离子，抵消微波带来的阳离子。

6.最有效的防微波辐射方法便是使用免提装置，如耳机或夹在衬衫上的麦克风，它能阻隔约 94% 对人脑的微波辐射。最好能不让手机接触身体，把它放在包内或放在桌上。

7.专家建议用户使用防辐射套。防辐射套是一种为提高手机安全性而专门设计带镍成分的保护罩，可以保护用户免受手机的辐射侵害。

第三章　如何才能远离亚健康

第一节　检查亚健康状态的方法

一、亚健康状态常用的检测方法

亚健康状态常用的检测方法有一滴血检测法、亚健康症状自测表、生物信息能量检测法、量子检测和骨质疏松检测仪。

1.一滴血检测法

专家建议，如果有亚健康症状，并且通过自我调节无法减轻，可以去医院进行检查或者到专门的亚健康治疗机构进行治疗。目前比较常用的体质亚健康检测方式是末梢血检查,即从手指上提取一滴血,制成涂片,在超高倍显微镜下放大1.5万倍,观察白细胞、红细胞、细菌、毒素和寄生虫主体形态及游动过程。通过这种检查可以初步看出病人的细胞活力状态。比如,细胞有无缺损,胆固醇斑块多不多,血脂高不高,等等,为诊断和治疗提供重要依据。这种方法能评估出107种临床亚健康症状,称得上是一种比较科学简易的快捷方式。

2.生物信息能量检测法

生物信息能量检测法是更先进的亚健康检测法。方法如下:操作时,受检者左手握住电极,医生持探测笔在受检者的右手手指两侧寻找测定点,通过电压诱导,对人体网络系统的经络生物电进行测定,根据仪器显示的脏器指数判断受检测者的健康状况。

3.量子检测的原理

人体器官发生病变时,其细胞会进行两个阶段的变化。第一阶段,虽然细胞内的化学构造没有发生改变,但病人可能已感到诸多不适。传统仪器在此阶段很难检测出问题来,但量子检测仪此时则能测知潜在的人体微弱磁场的变化。到了第二阶段,细胞膜开始破裂及变性,这时期病人的病况可能已恶化,症状极为明显,传统仪器到此时才能检查出来。也就是说,使用量子检测在第一阶段也就是在亚健康早期就能对疾病进行积极有效的防治。

二、自我检测亚健康

亚健康状况测评是在收集健康信息的基础上,对健康信息进行系统、全面的科学分析,形成一份具有指导意义的详细的健康测评报告。它包含体质评估、心理分析评估、营养状况评估,以及对健康不利的因素分析、个体危险性分析、已有疾病的治疗和随访、应警惕的身体信号、定期检查计划、健康促进措施等，同时对个人进行微观局部的健康生理指数分析，形成宏观整体的健康系列分析报告，便于及时针对身体隐患，采取合理措施。以下是一个有关亚健康的自测问卷（资料原载于《健康时报》），广大教师朋友可以进行自我测试：

1.早上起床时，有持续的头发脱落。5分

2.感到情绪有些抑郁，会对着窗外发呆。3分

3.昨天想好的某件事，今天怎么也记不起来了，而且近些天来经常出现这种情况。10分

4.害怕走进办公室，觉得工作令人厌倦。5分

5.不想面对同事和上司，有自闭症式的渴望。5分

6.工作效率下降，上司已表达了对你的不满。5分

7.工作一小时后，就感到身体倦怠，胸闷气短。10分

8.工作情绪始终无法高涨。最令自己不解的是无名火气很大，但又没有精力发作。5分

9.排除天气因素，一日三餐进餐甚少，即使对口味非常适合自己的菜，近来也经常味如嚼蜡。5分

10.盼望早早地逃离办公室，为的是能够回家，躺在床上休息片刻。5分

11.对城市的空气污染、噪声非常敏感，比常人更渴望到清幽、宁静的山水中休息身心。5分

12.不再像以前那样热衷于朋友的聚会，有种强打精神勉强应酬的感觉。2分

13.晚上经常睡不着觉，即使睡着了，又老是在做梦的状态中，睡眠质量很糟糕。10分

14.体重有明显的下降趋势，早上起来发现眼眶深陷，下巴突出。10分

15.感觉免疫力在下降，春秋流感一来，自己首当其冲，难逃厄运。5分

16.性能力下降，当妻子(或丈夫)对你明显地表示了性要求，你却经常感到疲惫不堪，没有性欲望。妻子(或丈夫)甚至怀疑你有外遇了。10分

对照着上面这些症状，测一测自己是不是有亚健康，或是亚健康到了什么状态了。

分值	建 议
30~50	健康已敲响警钟
50~80	好好地反思你的生活状态，加强锻炼和营养搭配等
超过80	尽快去医院，调整自己的心态或申请休假，好好休息

三、亚健康状态干预的原则

亚健康状态的形成与很多因素有关，如遗传基因、环境污染、生活节奏紧张、心理压力过大、不良生活习惯、工作压力和过度疲劳等，这些因素都可以使健康的人们向亚健康状态逐渐转变。摆脱亚健康状态仅靠医师的诊治和药物的疗效不是办法，最主要是靠自己采取积极主动的措施阻断和延缓亚健康状态。

医学专家们对亚健康这种现代人的通病进行了大量研究，并开出了一系列简便可行的健康处方。

1.合理膳食

(1)食物多样化

没有任何一种食物能全面包含人体所需的营养。西方营养学家提

倡,每人每天要至少食用50种以上食物。蛋、奶、肉、蔬菜、杂粮、水果一样都不可以缺少。这样才是科学饮食。饮食合理、营养均衡可以抵御疾病的入侵。此外,还要注意饮食方法,勿暴饮暴食,要做到定时定量。

(2)营养要全面

保证营养均衡是理想食谱的首要条件,像糖类、蛋白质、脂肪类、无机盐、维生素等必需的营养物质在每天的膳食中一样也不能少。每一个健康的成年人每天需要6276千焦(1506千卡)的热能,工作量大者则需要8368千焦(2008千卡)的热能,要想保持精力充沛就必须不断补充营养。

此外,还应注意脂肪类食物的食用量。特别是对作为脑力劳动的教师朋友来说,某些脂肪类食物是大脑运转所必需的。缺乏脂肪类食物将影响思维,但食用过多短期内会产生昏昏欲睡的感觉,长期则在体内堆积形成脂肪。

(3)维生素作用大

从事文字工作或经常操作电脑者容易眼疲劳、视力下降,教师就属于这一类人群中的高发者。维生素A对于预防视力减退有一定效果,所以要多吃猪肝、韭菜、鳗鱼等富含维生素A的食物。经常待在办公室里的人晒太阳机会少,容易缺乏维生素D,需多吃海鱼、鸡肝等富含维生素D的食物。当人承受巨大的心理压力时,所消耗的维生素C将显著增加,而维生素C是人体不可缺少的营养物质,应尽可能多吃新鲜蔬菜、水果等富含维生素C的食物。

(4)补钙可安神

教师在日常生活和工作中与同事、邻居难免会出现一些矛盾,为了避免发怒、争吵,可以有意识地多吃牛奶、酸奶、奶酪等乳制品以及鱼干、骨头汤等,这些食品中含有丰富的钙质。国外研究资料表明,钙具有镇静及防止攻击性和破坏性行为发生的作用。

(5)应酬过后多调理

现代人少不了应酬,教师也不例外。饭店的食品虽然美味诱人,但往往含脂肪和糖类过高,而维生素和无机盐含量不足。常在外就餐者,平时应多食用蔬菜、水果、豆制品、海带、紫菜等食品。

2.克服不良生活习惯

吸烟、过度饮酒、吃高脂肪食物或过量饮食、缺少运动、睡眠不足、不吃早饭等不良生活习惯,都会使我们健康的身体逐渐转变成为亚健康状态,最后导致各种疾病发生。因此,我们必须摒弃那些有损健康的不良生活习惯。

3.适当运动

运动不仅可以舒缓压力和减轻疲劳感,还可以活动筋骨,使平时较少活动的肌肉得以松弛,消除局部疲劳。美国哈佛大学长期的追踪研究也提醒我们:每天保持至少1小时的体能活动,如爬楼梯、散步或打扫卫生,比完全不进行体力活动能减少27%的死亡风险;平均每天运动1小时,可以延长2小时以上的生命。教师朋友可以利用学校体育设施的便利性进行运动,或者课间时间跟学生一起做广播体操,这些都是不错的运动方式。

4.培养多种兴趣爱好

兴趣爱好是生活的调味剂。广泛的兴趣爱好,会使人受益无穷。它可以增加你的活力和情趣,使生活更加充实、生机勃勃,使娱乐活动更加丰富多彩。人们在娱乐活动中,应该发展多种兴趣。有益的活动不仅可以修身养性,陶冶情操,而且能够辅助治疗一些心理疾病。

5.放松心情

心理减压是关键。心理学家认为,人之所以感到疲劳首先是因为情绪使我们的身体紧张,因此要学会放松,让自我从紧张、疲劳中解脱出来。首先,要善待压力,树立正确的处世观,把压力看作生活不可分割的一部

分，作好抗压的心理准备。遇到突如其来的困难和压力，不要惊慌失措，要静下心来，审时度势，理顺思绪，从困境中找出解决问题、缓解压力的办法。其次，要确立切实可行的目标定向，切忌对自我的期望过高，否则会因无法实现而增加心理压力。倘若目标经过积极努力有可能实现，无论出现何种艰难和困厄，都不要退缩和逃避，要借助压力的刺激，不断强化自己的意志，充分发挥全身的能量，达到目标。最后，要学会适度卸减压力，以保持健康、良好的心境，使体内的正气旺盛，祛除致病的因素，早日回到第一状态，成为健康人。

必要时求助于心理医师，由心理医师进行正规的心理学干预，这不仅是一种直接的治疗，而且能让人增加心理承受能力和心理调节能力，尽快恢复心理平衡和心理健康。健身怡神，张弛有度。有了良好的身心状态就拥有了人生最大的资本，才能工作好，学习好，生活好。

6.积极消除疲劳

(1)静坐休息缓解疲劳

经常感到疲惫不堪，这是典型的亚健康状态。每天抽出一定时间静坐，完全放松全身的肌肉，去除脑中的一切杂念，将意念集中于丹田穴，可以调整全身的脏器活动。

(2)让大自然帮助你

远离喧嚣的都市，到森林中去，那里的空气中有浓度较高的负离子，不仅能调节神经系统功能，而且可以促进胃肠消化，加深肺部的呼吸，对体力、脑力、心理等各方面都能起到良好的调节作用。教师长时间坐在办公室内工作，应该每隔 1 小时活动一下，如做简单的保健操，也可以随便活动活动筋骨。虽然用时不多，却可以有效地防止由静坐生活方式导致的慢性疾病。

此外，户外活动中日光的照射可以改变大脑中某些信号物质的含量，使人情绪高涨，愿意从事富有挑战性的活动。在上午光照半小时，对精神萎靡、有抑郁倾向者效果尤为明显。

午后小睡事半功倍。现在国外一些公司规定职员必须午睡，以保证工作效率。午睡时间宜在半小时左右，关键是质量。睡时最好能平躺在床上或沙发上，将身体伸展开来。不要趴在桌上睡，这种体位容易使呼吸受限，引起颈项和腰部的肌肉紧张，醒后很不舒服，易生慢性颈肩病。目前各学校都应该为教师提供午间休息的休息室，保障教师的身体健康。

第二节　与亚健康斗争的四大法宝

一、法宝之一：饮食疗法——从饮食调理谈亚健康

1.合理的营养

教师群体之所以易患亚健康，是因为教师长时间从事脑力劳动而消耗了大量的热能，如果不能及时补充，就会出现疲劳。

饮食疗法最大的好处就是把亚健康治疗同日常的一日三餐结合起来，不仅省时省力，而且可在饮食中加入天然药物，既保证了营养的摄入，又具有预防疾病的功效。

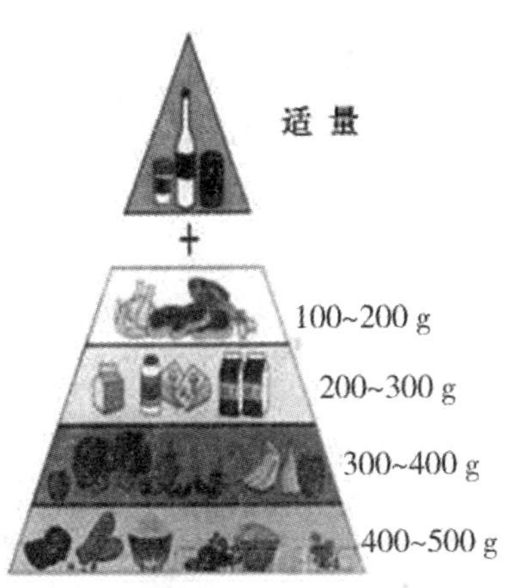

人们每天都要从食物中摄取蛋白质、糖类、脂类、维生素、无机盐、水和纤维素等必需的营养素，以保证身体健康

的需要,这样才称得上是营养平衡的理想的食谱。我们在摄取营养素时应注意种类齐全、数量充足,相似相互之间的比例要适当,否则就会对人体健康产生不良影响。健康的饮食还有助于振奋精神、消除疲劳。这样的食物应富含维生素 B_1、维生素 B_2和维生素 C。都市居民常出现的"营养和热能过剩"和节食导致的某些"营养素和热能的不足"这两种不良营养倾向都足以引起慢性疲劳综合征。

各种食物的营养成分功能不一,而人体的营养需要也是多方面的,一般从鱼、肉、蛋、豆等食物中获得蛋白质和脂肪,从主食米面中获得糖类,从水果、蔬菜中获得维生素。

《黄帝内经》中说:"五谷为养,五果为助,五畜为益,五菜为充,气味和而服之,以补精益气。"也就是食物应全面而多样化,粮食谷物、肉类、鱼、蛋、瓜果、蔬菜都应合理搭配,才能平衡膳食,补养身体。

2.中医提倡的饮食有节

饮食有节是预防和治疗亚健康的一项重要内容。饮食有节是指饮食要有节制、有规律,包括饮食量的适度、饮食温度的适宜及五味的调和。此外,还要因人、因时、因地制宜。因人制宜主要强调了饮食的个体差异性,是指饮食的选择与每个人的体质、生活习惯有密切的关系。只有选择与自己体质相合的食物才会有益于健康,不然会适得其反。(见下表)

体质	注意事项
体质偏寒者	宜多食温热食物
体质偏热者	宜多食寒凉食物
体质偏虚者	宜多食有补益作用的食物
体质偏实者	忌多进补益的食物

四时气候的变化对人体的生理功能、病理变化均会产生一定的影响,根据不同季节气候的特点因时制宜选择饮食,也是饮食疗法的内容之一。

（见下表）

季节	禁忌	适宜
春季	少食油腻、煎炒、辛辣之物	清淡甘凉之品
夏季	不能过食生冷，忌食油腻厚味	有清热和解暑利湿作用的食品
秋季	无	有生津养阴作用的食品
冬季	无	有温补作用的食物

在日常生活中，若能根据气候变化选择相宜的食物，不仅能满足机体的需要，还能起到祛病养生的作用。

因地制宜也是饮食选择的内容之一，它的含义是根据地域的不同应选择不同的饮食保健方法。如：西北寒冷地区宜食用辛温之品，如羊肉等；东南沿海地区气候较湿热，因此应选用一些具有清热利湿作用的食物。

3.补充维生素对亚健康的作用

维生素在机体物质代谢中起着重要的调节作用，是人体许多辅酶的组成成分。如果维生素供给不足，机体物质代谢就会发生障碍，健康会受到影响，亚健康乃至疾病就会发生。

为了尽快从亚健康状态中走出来，首先要调整饮食结构，改变粮食越吃越白、饭越吃越精的不良习惯，在适当增加动物肝脏、胡萝卜摄入量的同时，建议教师朋友还可以适当补充维生素，以满足人体健康对维生素的需要。维生素是非常便宜的药品，可是对人体健康的作用非常重大。常用维生素的功能及缺乏症状与食物来源如下表所示。

名称	功能	缺乏症	食物来源
维生素 A	与视觉有关，并能维持黏膜正常功能，调节皮肤状态	夜盲症、眼球干燥、皮肤干燥及瘙痒	胡萝卜、绿叶蔬菜、蛋黄及肝
维生素 B_1	强化神经系统，保证心脏正常活动	情绪低落、肠胃不适、手脚麻木、脚气病	糙米、豆类、牛奶、家禽

(续表)

名称	功能	缺乏症	食物来源
维生素 B_2	维持眼睛视力,防止白内障,维持口腔及消化道黏膜的健康	嘴角开裂、溃疡,口腔内黏膜发炎,眼睛易疲劳	动物肝脏、瘦肉、酵母、大豆、米糠及绿叶蔬菜
维生素 B_3	保持皮肤健康及促进血液循环,有助于神经系统正常工作	头痛、疲劳、呕吐、肌肉酸痛	绿叶蔬菜,肾、肝、蛋等
维生素 B_5	制造抗体,增强免疫力,辅助糖类、脂肪及蛋白质释放能量	口疮、记忆力衰退、失眠、腹泻、疲倦、血糖过低等	糙米、肝、蛋、肉
维生素 B_6	保持身体及精神系统正常工作,维持体内钠、钾成分平衡,制造红血球	贫血、抽筋、头痛、呕吐、暗疮	瘦肉、果仁、糙米、绿叶蔬菜、香蕉
维生素 B_{12}	防止贫血,制造红血球,防止神经遭到破坏	疲倦、精神抑郁、记忆力衰退、恶性贫血	肝、肉、蛋、鱼、奶
维生素 C	对抗游离基,有助于防癌;降低胆固醇,增强身体免疫力,防止坏血病	牙龈出血、牙齿脱落、毛细血管脆弱、伤口愈合缓慢、皮下出血	水果(特别是橙类)、绿色蔬菜、番茄、马铃薯
维生素 E	抗氧化剂,有助于防癌	红血球受破坏、神经受损害、营养性肌肉萎缩、不育症、月经不调、子宫机能衰退等	植物油、深绿色蔬菜、牛奶、蛋、肝、麦及果仁
维生素 H	合成维生素 C 的必要物质,是脂肪和蛋白质正常代谢不可或缺的物质;还具有防止白发和脱发,保持皮肤健康的作用	白发、脱发、皮肤干裂等	牛奶、牛肝、蛋黄、动物肾脏、水果、糙米

4.人体必需的微量元素

无机盐是人体不可缺少的矿物质,属于六大营养素之一。

人体必需的无机盐元素有 20 余种,最主要的有钙、磷、铁、钠、钾、碘等。现已发现人体内的微量元素有 60 多种,其中铁、铜、钴、锌、锰、铬、镍、钼、硒、碘、硅、氟等是人体不可缺少的营养素或组成成分。

由于这些元素的主要作用是调节人体的生理功能，一旦含量减少或缺乏，人体的新陈代谢、精神及神经功能、智力发育等一系列生命活动就会遇到障碍，从而导致疾病滋生，健康自然也就失去了基础。部分元素的种类及来源如下表所示。

类别	来源
钙	虾皮、海带、豆类及绿色蔬菜
磷	乳类、蛋类、肉类、豆类及绿色蔬菜
铁	动物肝脏、蛋黄、瘦肉、豆类、苜蓿、菠菜、芹菜、油菜、萝卜缨、苋菜、番茄、杏、桃、梨、葡萄干、红枣、樱桃
碘	海带、海蜇、紫菜、发菜、黄花鱼、带鱼、蛤蜊、糙米、大豆、白菜、菠菜、梨
锌	牡蛎、坚果(胡桃、榛子、花生等)，粗粮(胚芽和麸子)，猪肉、牛肉、羊肉、乳类、蛋类、鱼类

微量元素在各种蔬菜、水果和五谷杂粮、米面豆薯中都有一定的含量，有的还相当丰富。菜叶中含有可观的锰和氟。从动物性食品看，牡蛎等海产品是采锌的“能手”，海蜇是铜的“天然储藏室”，肝脏、瘦肉、蛋类富含锰、铜、铁，各种海产品则是碘、氟、铬、钴的“宝库”。总之，微量元素对我们的身体健康是非常有益的。

5.脑力劳动者如何进补

对一个具体的人来说，最有补益作用的食物应是其当时最需要的食物。体内的需求必然会在个人的喜好上反映出来，人们则根据这种变化，摄入相应必需的食物，以改善机体的功能，从而起到补益的效果。这实际上是人的一种自我保护的本能，人类就依靠这种本能适应着复杂多变的生态环境。由于个体之间的饮食习惯差异很大，因此不可能设计出一个最有益于人类健康的标准食谱和理想模式。

人们对食物的喜恶，首先反映在“胃口”上。脾胃的消化功能对养生保健起着极其重要的作用。人们对某些食物的喜恶不仅与生活环境、习惯有关，也是机体自我调节与自我保护能力的一种反应。比如，肝胆功能不佳者多厌食油腻，肺阴虚夹燥热者喜食瓜果等甘寒之品，胃寒夹湿者喜食辣椒、生姜、蒜等辛辣之品，这些表现为人们选择适当的饮食提供了根据。食欲是机体生理需要所引起的心理需要，必需食物的获得，既补充了生理上的需要，还满足了心理上的欲望，有利于机体恢复健康。对于食物的忌口要有辩证的观点，比如胆固醇对人体有弊亦有利，这与个人心理状态和体质有很大的关系，无须将所有含胆固醇的食物均拒之门外，因为过分地讲究饮食宜忌，将自己封闭在单调乏味的食谱圈中，会使心理反应受到抑制，更不利于健康。

大脑是人体中最复杂、活力最旺盛的器官，是人体的“总指挥部”，它需要有充足而优质的能量来维持活动。研究表明，脑的重量虽然仅占人体的 2%，但所耗热能却占全身的 20%。如果营养物质供应不足，会造成脑细胞发育不良，其数目、结构都会受到影响。下述一些食物是脑力工作者在选择食品时最应注意的：

(1)鸡蛋

鸡蛋中所含的蛋白质是天然食物中最优良的蛋白质之一，它富含人体所需要的氨基酸，而蛋黄除富含卵磷脂外，还含有丰富的钙、磷、铁以及维生素 A、维生素 D、B 族维生素等，适于脑力工作者食用。因此，每天可吃一两个鸡蛋来补充营养。

(2)豆类及其制品

这是自然界最好的植物蛋白来源。大豆中富含人脑所需的优质蛋白和 8 种必需氨基酸，这些物质都有助于增强脑血管的机能。另外，大豆还含有卵磷脂、丰富的维生素及无机盐，特别适合脑力工作者食用。更值得一提的是，大豆脂肪中含有85.5%的不饱和脂肪酸，其中又以亚麻酸和亚油酸含量最多，它们具有降低人体内胆固醇的作用，对中老年脑力劳动者预防和控制心脑血管疾病尤为有益。

(3)动物脑髓

动物的脑都含有大量的脑磷脂和卵磷脂，其中又以鱼脑髓为最佳。因为鱼脑中的鱼油含有两种不饱和脂肪酸，即二十碳五烯酸(EPA)和二十二碳六烯酸(DHA)这两种物质，也就是所谓的“脑黄金”。这些物质是补充大脑营养所必不可少的，对大脑细胞，尤其是对脑神经的突出生长和发育有着极其重要的作用。人脑中如缺少二十二碳六烯酸，就会影响脑功能，降低人的学习、思维、推理和判断等能力。而经常吃鱼，尤其是鱼脑，可多吸收二十二碳六烯酸，从而活化神经细胞，改善大脑功能。但需要注意的是，由于鱼脑中胆固醇含量也较高，因而老年人，尤其是患有心脑血管疾病的人不宜食用。

(4)核桃和芝麻

中医认为，这两种食物有“补五脏，益气力，强筋骨，健脑髓”的作用。现代研究发现，这两种食物营养非常丰富，特别是不饱和脂肪酸含量很高。因此，常吃核桃、芝麻，可为大脑提供充足的亚油酸、亚麻酸等分子较小的不饱和脂肪酸，以排除血管中的杂质，提高脑的功能。另外，核桃中含有大量的维生素，对治疗神经衰弱、失眠症，松弛脑神经的紧张状态，消除大脑疲劳效果很好。

(5)滋补食品

脑力劳动后神经兴奋，易导致失眠，用桂圆(龙眼)肉煮汤喝，可起到安神和安眠的作用；红枣有养胃健脾、益血宁神的功效，还能安神和解除忧郁；蜂蜜中有脑细胞所需的能源——葡萄糖及果糖，而蜂王浆更是人体滋补佳品，经常饮用可提神补脑，增强脑细胞活力。

(6)水果

菠萝中富含维生素C和重要的微量元素锰,对提高人的记忆力很有帮助;柠檬可提高人的接受能力,因此在上外语课之前最好喝一杯柠檬汁;香蕉可向大脑提供重要的物质酪氨酸,而酪氨酸可使人精力充沛、注意力集中,并能提高人的创造能力。香蕉中还含有可使神经“坚强”的色氨酸,有了色氨酸,任何压力都无法使您失去平衡,色氨酸还能形成一种叫作“满足激素”的血清素,是一种神经递质,它能使人感受到幸福,可预防抑郁症的发生。

6.具有美容作用的食物

爱美之心,人皆有之。强壮的体魄,健美的肌肤是许多人都梦寐以求的。要做到这一点,就应当常吃一些美容食品,以满足皮肤、头发的生理需要。事实证明,适当多吃一些植物油对美容大有益处。因为植物油中的脂肪可使青年人尤其是年轻女教师具有丰富的皮下脂肪,而皮下脂肪可使年轻女性获得和谐、富有魄力的线条美。同时,植物油中的必需脂肪酸,对于皮肤、毛发的健康至关重要,它可使皮肤滋润光滑,使头发乌黑发亮,因此有人称它为美容酸。一旦缺乏美容酸,皮肤就会发生病变,如干燥、出现鳞屑、肥厚等,头发会干枯无光泽。

当然,油脂也不能吃得过多。如果吃得太多,多余的脂肪就会积存在体内,使人肥胖,除了破坏线条美以外,还容易导致痤疮等皮肤病和其他疾病。年轻女教师还应多吃一些蔬菜和水果,新鲜蔬菜和水果所含的碱性无机盐、维生素能调节血液和汗腺的代谢,维持体内酸碱平衡,为皮肤增加营养,这对健肤美发有重要作用。如果只吃鱼、肉,很少吃青菜,人的血液酸度增高,会逐渐侵蚀敏感的表皮细胞,而使皮肤失去张力和弹性,变得粗糙。

要多吃富含维生素和无机盐的动、植物性食物,如肝、蛋、奶、豆制品、青菜、水果、海带、紫菜等,这些食物对皮肤、头发健美大有好处。如:维生素 A 可使皮肤光润,防止皮肤粗糙和干燥;维生素 B_2 可舒展皮肤皱褶,消除斑点;维生素 E 有“青春素”之称,能防止皮肤衰老和产生皱纹;无机盐中的锌、碘等元素可使头发乌黑、浓密而富有光泽。另外,为了促进和保持皮肤健美,平时还应少吃刺激性食物,如葱、蒜、姜、辣椒、胡椒、芥末等,因为它们会导致皮脂分泌过旺,而使皮肤变得粗糙油腻,并容易引起痤疮。总之,日常膳食对皮肤的代谢、分泌有直接作用。在保证膳食多样化、营养全面的基础上,教师平时还应该经常吃一些美容食品,促进皮肤、毛发和人体的健美,这样可收到事半功倍的效果。

7.具有降脂作用的食物

随着人们生活水平的提高,“富贵病”患者中患高脂血症的病人越来越多,除了药物治疗外,可在日常生活中食用下面这些食物来辅助降低血脂。

(1)大豆

大豆中含有人体必需的 8 种氨基酸、多种维生素及微量元素,可降低血液中的胆固醇。

(2)花生

花生油有助于分解肝内胆固醇,降低血液中的胆固醇。

(3)蘑菇

蘑菇中含有一种嘌呤衍生物,有明显的降血脂作用。

(4)大蒜

大蒜含有挥发性辣味素,可清除积存在血管壁上的脂肪,有明显的降低胆固醇的作用。

(5)洋葱

洋葱中含有二烯丙基二硫化物及硫氨基酸,有良好的降血脂作用。

(6)生姜

生姜中含有油树脂,可抑制人体对胆固醇的吸收。

(7)茶叶

降低胆固醇的效果明显。

(8)蜜橘

加速胆固醇的转化,降低胆固醇和血脂含量。

(9)酸奶

降低胆固醇的效果明显。此外,甲鱼、玉米油、葵花籽、海藻等均有降低胆固醇的作用。

8.食补亚健康的“三高”状态

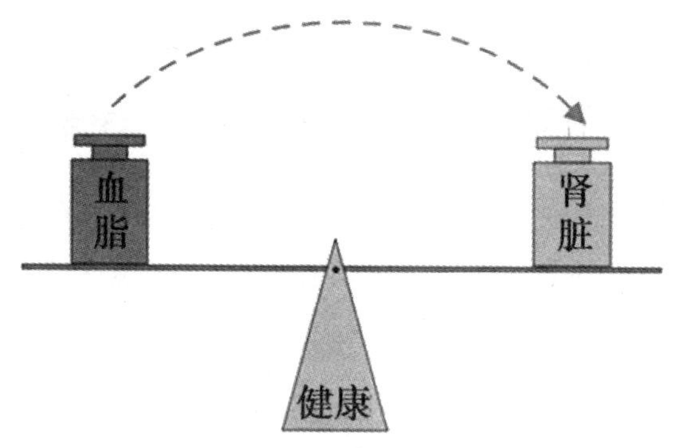

“三高”是指高血压、高血脂和高血糖。由“三高”诱发的心脑血管疾病,发病率和死亡率已居各种疾病首位。其实就在被确诊为“三高”前很长一段时间,人们就已处在亚健康状态。因为此时尚未发展到疾病范畴,一般来说没有服药的必要。如果对亚健康状态不重视,它就很容易发展为“三高”疾病。

“三高”的产生跟现代人的生活方式有极大的关系,如应酬多、工作忙、压力大、烟酒过度、暴饮暴食、日夜加班、生活无规律都是引发“三高”的重要因素。头晕、头疼、失眠、胸闷气短、记忆力下降、注意力不集中、健忘或体形偏胖、四肢沉重、肢体麻木,都是“三高”的前兆。要预防“三高”首先应从改变生活方式开始。对于血压偏高的人来说,饮食以清淡为主，控制食盐摄入量；血脂偏高的人应少吃动物脂肪和含胆固醇高的食物，多吃蔬菜瓜果；血糖偏高者，要注意食用低热能饮食，控制体重。

预防“三高”除了合理饮食外，还要纠正不良生活习惯，加强体育锻炼与心理治疗，保持室内空气清新，工作时间不宜太长，保持充足的睡眠。每年应进行一次常规体检。

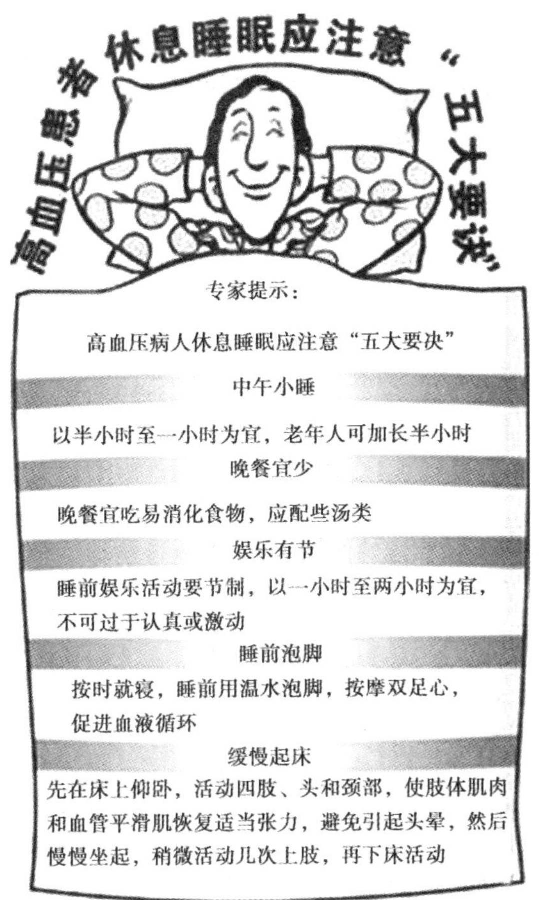

如果在“三高”前的亚健康状态时采取措施，纠正不良生活习惯，加强体育锻炼与心理治疗，有的放矢地服用保健品，“三高”在很大程度上是可以避免的。

9.亚健康者的冬天进补

由于现代生活的节奏加快，不少人工作压力增大，教师作为白领中的佼佼者更容易出现情绪失控、饮食不节等习惯，部分男性教师嗜烟、酗酒或生活无规律，久而久之，则出现精力减退、体质下降、容易疲劳、胸闷气短、情绪波动、烦躁易怒、食欲下降、腹胀不适、腰酸膝软、下肢乏力、性欲减退、头晕耳鸣、夜寐不安或稍静即困、容易感冒等一系列症状。到医院检查，身体各方面很可能完全正常，也可能某些指标处于边缘状态，但并无指向性的疾病提示。这种亚健康状况，西医往往无药可治，而通过中医的调理常可收到意想不到的效果。

中医对亚健康状态的分析是辩证性的，大多认为多数以虚症为主。由于症状繁多，每个人的临床表现都不一样，所以中医根据每个人的症状、年龄、既往病史以及气候、生活习惯、工作环境、精神状态等综合因素进行辩证分析，先分清阴虚、阳虚、气虚、血虚的偏向，再分析五脏（心、肝、脾、肺、肾）的归属及其相互关系，脏与腑的表里关系，经络的气血运行内外联系，最后开出药方。

中医认为，亚健康状态的纠正主要依靠建立健康和合理的生活方式，适当地运动锻炼，调整好自己的精神和情绪。而冬天是最好的调理季节，因为冬季是精气藏于肾的日子，肾精充沛，就有充实的物质基础，体质增强，活力增加，足以将亚健康状态逆转回健康状态。

膏方是冬季调理的一种重要方法，尤其对慢性支气管炎、支气管哮喘、过敏性鼻炎、支气管扩张、风寒感冒、风湿及类风湿性关节炎、胃肠疾病、心血管疾病、肾病有很好的治疗和控制复发的作用。对于亚健康状态的调摄以补虚为主，或以扶正祛邪为目的，配制膏方，服用一个冬天，为身体“加油”“充电”，就像俗话说的那样：“冬令进补，来年打虎。”

10.亚健康中医食疗的原则

利用食物或配合天然药物，结合具体症候表现，通过辩证施食，达到扶正祛邪、调整阴阳、平衡脏腑的目的。

亚健康治疗可以采用“药以祛之，食以随之”的方法，以食物扶助正气，确立“五谷为养，五果为助，五畜为益，五菜为充”的配膳原则，应做到酸、苦、甘、辛、咸的五味调和，不能偏食偏嗜。这种使人体趋于健康的饮食结构具有科学性，也是人们常说的药补不如食补的道理所在。食疗是调整亚健康状态的有效方法。因为许多天然食物营养全面，无毒副作用，长期服食，可达到益气、养血、扶正、健脑、强身、抗衰老的目的，特别是对中医认为的各种虚损症的调养更具有实用价值。为此，特向读者介绍几种有关“亚健康状态”的饮食调理方法。（见下表）

状态类别	症状	饮食
肺气虚状态	气短、多汗、易感冒	百合、蜂蜜、白木耳、红枣、橘、杏仁
脾阳虚状态	便秘、腹胀、肠鸣、嗳气	山药、莲子、百合、山楂、薏苡仁、饴糖
肾阳虚状态	腰痛膝软、畏寒肢冷、头晕耳鸣、发须早白、性衰退	羊肉、芝麻、胡桃、豆类及豆制品、坚果类食物
肥胖疲劳状态	身体过于肥胖	少吃淀粉类和糖类的食物，宜长期食用萝卜、卷心菜、白菜、青椒、西红柿、香菇等蔬菜和水果
心烦意乱状态	失眠、头晕、心烦	食用养心安神的食品，如煎服桂圆肉、酸枣仁、柏子仁
神经衰弱状态	视力下降、记忆力减退、行动笨拙	用莲子、桂圆肉、百合、大枣、糯米等煮粥食

二、法宝之二：运动疗法——从运动锻炼谈亚健康

1.适当运动有利于身体健康

（1）运动可以增强身体各系统的功能

有规律而适度的体育锻炼是改善和保持身体健康最容易的方法之一。它有潜在的预防和控制某些疾病,如心血管病、糖尿病、肥胖症和骨质疏松的作用。因为适度的体育锻炼可以增加人的体力,缓解紧张情绪,降低胆固醇和血压。运动也能减少某些癌症,尤其是直肠癌发生的危险性。坚持日常的体力活动可以改善肢体的灵活性,也能预防和减少某些个人能力的丧失。

(2)运动可以健脑

运动锻炼何以能益智健脑?这是因为:

①脑活动所需的能量主要来源于糖;而大脑本身储备的糖极少。当人体血液每 100 毫升中血糖达到 120 毫克时,脑功能活动正常,记忆力佳,如果血糖降至每 100 毫升 50 毫克左右时,人就会感到疲乏,思维迟钝,工作效率下降。食物是血糖的供给源,运动能使人食欲大增,增强消化功能,促进食物中淀粉转化为葡萄糖,再吸收到血液中变成血糖,并源源不断地供给脑神经细胞使用。

②大脑需要氧气和其他营养物质。血管硬化导致血液循环障碍,既是造成中风和冠心病的直接原因,也是造成脑功能失调、思维及记忆力减退的重要元素。科学实验表明,常运动的人,心脑血管会更具有弹性,血液循环也更加通畅。研究数据显示,喜欢运动的人每立方毫米血液中的红血球比一般人多 100 万~150 万个,血液循环量也比一般人高出两倍。新增的红血球和血循环量能够向大脑组织提供更充足的氧气和营养。这样,大脑更能活动自如,思维更加敏捷。

③运动也是一种积极的休息方式。如果通过适量运动,使运动中枢兴奋,就可以有效快速地抑制思维中枢,使其得到积极的休息。有人做过试验:让大脑思考的神经连续工作两小时以后,至少需要 20 分钟才能消除疲劳,而用运动方式只需 5 分钟就可以消除疲劳了。这说明运动确实能使大脑的紧张状态得到缓和,防止大脑过度疲劳。

④运动还会促使大脑本身释放脑啡肽等有益的生化物质。实验表明,通过运动,脑组织中的核糖核酸会增加 10%~12%,核糖核酸能促进脑垂体分泌神经激素——多肽组成的新蛋白质分子,有人称之为"记忆分子",这种物质对促进人的思维和智力大有益处。

⑤运动能改善不良情绪,使人精神欢愉。通过运动能有效预防和治疗神经紧张、失眠、烦躁及忧郁等神经性不良症,这些疾病(或不良情绪)最易导致思维不灵、注意力减退和反应迟钝。所以,有人称运动是很好的"神经安定剂",它使人心理更健康、头脑更聪明。

(3)运动可以缓解压力

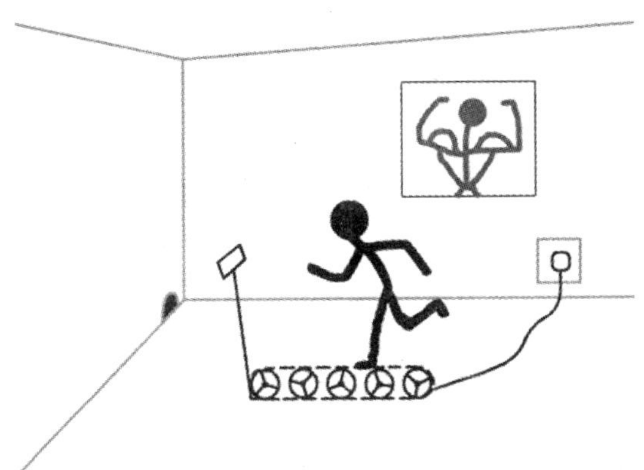

高速度、快节奏的现代生活常令人感到紧张,适度而有趣的运动则可以使人身心处于舒畅、和谐和愉快之中,因而可以转移不愉快的压力源。在运动后,由于肌肉收缩结束或激素分泌,人会处于更放松的状态。虽然运动不能改变压力源,而且运动后也还要面对压力与紧张,但运动可以暂

时转移注意力,并将不利于人体的代谢物质通过运动清除。当人以较舒畅和愉快的心情再度面临压力时,就会以一种超越的态度感受较低的自觉压力。

(4)运动可以美容

爱美是女人的天性。美有三种境界。最低境界的美是化妆的美,其次是吃出来的美,最高境界的美是健康之美。怎样才能保持健康自然美呢?答案是运动。研究表明:体育锻炼能增加皮肤的血液循环,促进新陈代谢,提高感觉的灵敏度,增强皮肤对冷热刺激的适应能力,从而增强机体的防御能力及免疫力,使皮肤显现自然光泽,使身体焕发出由内向外的质感美——这样的美才更真实、更持久。运动的时候不仅可以保持身体健康,而且还可以美容,这样的好事何乐而不为呢?让我们一起运动吧!

(5)运动能延缓衰老

到了中年,人便达到全面成熟状态:一方面是身体机能的健全与完善,保持着机体的状态;另一方面是机体对环境适应良好,在集体中能出色地完成任务。因此,中年人体魄健全、精力充沛,知识渊博、经验丰富,是社会的中流砥柱。但中年人工作负担繁重,上要赡养父母,下要培养教育子女,集诸多事务于一身。随着年龄的增长,体质由盛趋衰,生理机能日益下降,精力逐渐减退,再加上缺少运动,许多疾病随之发生。

所以,经常锻炼的中年人比不爱运动的同龄人年轻,精力充沛。人的

衰老是不可避免的，这是自然规律，但并不是不可以改变的。中年人适度地进行体育锻炼（包括力量练习、有氧练习），可以推迟和延缓衰老过程。实践证明，中年人可以通过适度运动延缓和推迟人体各组织器官功能的衰变或减退。一些适合中年人的群体运动，如健美操、跳舞、太极拳、剑术、扭秧歌等，不仅能增强身体各器官的功能，延缓人的衰老过程，而且还可以调整人的生理和心理状态，释放来自外部的压力和紧张感，并能抗抑郁，让人有个好心情。现代运动心理学的研究也证明了劳动与运动对保持健康和提高器官生理功能的重要性。

2.如何正确运动

（1）选择合适的运动方式

骑自行车对双腿的锻炼非常有意义，这是女性减肥的最好途径之一。

骑自行车可以有效地刺激心脏，对心脏的锻炼效果明显。可以采取以下几种健身性骑行方法：自由骑行法，放松地长时间骑；力量骑行法，利用上山、下坡骑行；间歇性骑行法，快慢交替骑行；有氧骑行法，匀速长时间骑行。

走跑、跑步、爬山都属于“心血管体操”。我们都有跑步的经验，跑步时都会有心跳加速、呼吸频率加大的感觉。人在跑步时，每一步的体力付

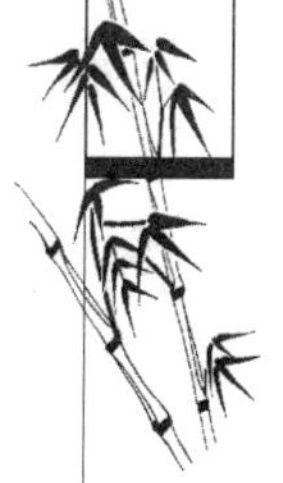

出比平时要大许多倍,肌肉能耗引起心血管系统活动发生变化,形成人体心血管系统运动,所以称其为“心血管体操”。但心脏病患者要在医师的指导下量力而行,首先是慢慢适应这种运动方式,然后逐步提高运动的强度,增加运动量。

跑步健身的原则:凡是参加健身跑步的人,都应该注意坚持和循序渐进,特别要注意控制运动量。此外,必须学会“自我控制”,这点尤为重要。因为有时跑步的愿望会突然消失,这就需要对“不能跑”还是“不想跑”加以区分。当然,如果有病时绝对不要跑步,而在其他情况下则应克服“惰性”,坚持锻炼。

在锻炼初期,跑步的速度以没有不舒服的感觉为限,跑完的距离以没有吃力的感觉为宜。跑步后可能出现下肢肌肉疼痛,这是正常反应,坚持锻炼几天后这种现象就会消失。

为确定自己锻炼水平的等级,参加跑步锻炼三四个月后可以进行一些测验,测验时以12分钟跑完的距离为计算等级的起点。

30~39岁年龄组:12分钟跑完的距离达不到1.5千米~1.8千米,说明锻炼水平较差;如能达到1.8千米~2.6千米,说明锻炼水平为良好;如能超过2.6千米,即达到优秀锻炼水平。

40~47岁年龄组:锻炼水平较差者每12分钟跑完的距离在1.6千米以内为宜;良好者1.7千米~2.4千米为宜;优秀者2.5千米以上。

50岁以上较差、良好和优秀者每12分钟跑完的距离分别为1.5公里以内、1.6千米~2.4千米和2.5千米以上。

健身房运动是一种简单方便而又全面的健身运动,专门的肌肉训练可以改变臂部、胸部、背部、腰腹部和腿部的肌肉力量，非常适合中老年朋友。健身房运动有五大健身特点：器械锻炼让中老年人有很强的安全感和舒适感；对改变关节的生理活性有积极的作用，还有明显的运动康复作用；几乎可以使全身肌肉参与运动；全面身体运动同时配合呼吸，可以有效地改善心肺功能；适合女性的生理特征。

划船运动是肩背痛的克星。无论谁都或多或少有过背酸背痛的症状。背部的酸痛主要是肌肉缺乏力量所致。另外，不正确的姿势、非正常的用力、长时间伏案工作都会造成对背部的伤害。许多人由于背部的不适而出现不正常的心态，如烦躁不安、心情压抑。划船运动可以锻炼肩背肌肉。

（2）正确把握运动量

运动的强度是用阈值来衡量的。所谓阈值，就是使身体活动的负荷量保持在能够增强体质，对提高机体功能有较好作用的范围，离开了这个范围，也就失去了健身的意义。这个范围以内的某项生理指标，叫作阈值。

我国古代医学家华佗早在1700多年前的三国时期就提出了阈值的概念。他说："人体欲得劳动，但不当使极尔。动摇则谷气得消，血脉流通，病不得生，譬犹户枢不朽是也。"华佗说的"人体欲得劳动，但不当使极"的用意在于保证健身的效果，既要有活动又不要使身体过度疲劳。这样就与现代体育方法提出的负荷阈值相符。参加体育锻炼能不能取得良好的效果，往往取决于运动量的大小是否掌握得合适。运动量过小，内脏器官的功

能得不到提高,对身体的锻炼作用就不大。运动量过大,超过身体的负担能力,又会造成过度疲劳,引起不良反应,影响健康。只有运动量掌握得合适,既能达到一定的强度,又不超过负担能力,才能使各个内脏器官的功能得到锻炼和提高,增强体质。怎样才能知道运动量正合适呢?衡量的标准有很多。

(3)选择合适的运动时间

大多数人都习惯于早晨锻炼,因为早晨空气清新,污染颗粒少,活动后有利于加速排除夜间身体代谢的废物。美国一所大学一位医学保健专家提出一种新见解,认为黄昏5点左右是最适宜从事体育运动的时间。因为早上进行锻炼,血压和心率上升的幅度均较大,会产生超负荷情况,影响运动成果及健康。黄昏时分体力和肢体反应的敏感度及适应能力均达高峰,心跳频率最平稳或偏低,此时从事各类运动而导致的心率和血压上升的幅度较低,对健康更为有利。还有人认为,黄昏时绝大多数人体力和动作的灵活性、协调性、准确性以及适应能力均处于最佳状态,人体内的糖分也增至最高峰,进行各种健身运动时不会产生能源代谢紊乱和器官机能运转超负荷的现象。对于运动时间的分配目前还没有权威的标准,教师根据自己的休闲时间来合理安排就可以了,何时何处并不重要。

(4)运动前的注意事项

①热身运动。这是运动前所必需的步骤之一,每次运动前活动身体主要关节和肌肉群,适当伸展主要肌肉、肌腱、韧带,加速心肌活动。在运动开始之前先做几分钟的热身运动对身体和注意力都是很好的准备过程。热身给大脑以刺激,让身体为更强的运动做好准备。热身还可以避免运动中突然用力而拉伤肌肉。许多其他的损伤也可以通过正确的热身运动来防止。热身运动最好从系统的拉伸活动开始。拉伸时要缓慢,避

免突然用力,被拉伸的那部分肌肉一定不要用力。拉伸之后,应该做一些一般性的准备活动,如轻微的原地跑跳等,既调动了内脏器官,又让全身的关节得到了预热。

②适宜的服装。做健身运动应选择吸汗的健身服,现在提倡的健身服的质地应是纯棉加莱卡,既吸汗又舒适。

③鞋的选择。在进行剧烈的运动时,切勿光脚穿鞋,以防擦伤脚部。不宜穿过软的鞋,因为软鞋有弹性,欠稳定。最好选择有较厚护垫的半高筒运动鞋,以此提高稳定性。当然,也要根据具体的运动项目来选择。

④专业教练。如果从事专门的系统的健身运动,如健身操,要针对自身条件有选择性地练习,切不可盲从他人,以免造成不必要的伤害,不清楚的动作可以请专业教练指导,否则会适得其反。

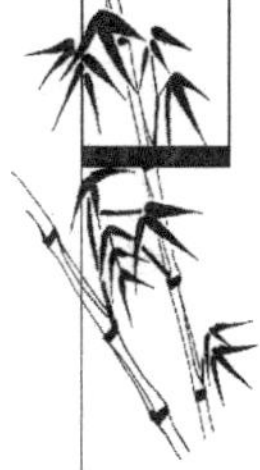

⑤日常保健。做健身运动时容易出汗，所以要勤换衣服，运动后不宜立即洗澡，应先做些简单活动。

3.亚健康的运动处方

运动处方的定义：健康并不是恒定不变的，人要不断地进行运动才能维持健康，提高健康水平。所以，人们习惯上称的健康那只是健康的一个方面，另一方面，只有提倡积极的运动，才能维持生命活动，增强人的体质。为了增强体质，发达国家如美国，都用运动处方的形式防治疾病，提高人体的健康素质。运动处方就是因人而异，选择不同的运动疗法，而运动疗法的发源地是中国。我国早在原始社会后期，人们就开始跳“消肿舞”，以此来增强人的体质，抵御常见疾病。据《吕氏春秋·古乐篇》记载：“昔阴康氏之始，阴多，滞伏而湛积，水道壅塞，不行其原，民气郁阏而滞著，筋骨瑟缩不达，故作为舞以宣导之。”1973 年在长沙马王堆三号汉墓出土的一幅彩绘“导引图”，包括了徒手运动、器械操练、行气吐纳和意念活动四个方面的内容，系统地展示了保健养生、增强体质、防治疾病的操练方法，这无疑就是中国运动疗法的萌芽。随着社会的发展，运动疗法也层出不穷，日臻完善，对促进人们的健康发挥了重要的作用。

4.日常运动养生的要诀

《健康天地》记载了日常运动养生的要诀，该要诀产生效果的关键在于持之以恒。推荐如下：

(1)朝暮叩齿三百六，七老八十不落牙

叩齿，就是指用上下牙有节奏地反复相互叩击的一种自我保健法，民间俗称“叩天钟”。事实证明，经常叩齿不仅可以促进口腔、整个牙体及周围组织的健康，增强牙齿的全面抗病能力，使牙齿变得更加坚硬稳固、整齐洁白，充满精健之象，还能强肾固精，平衡阴阳，疏通经络，从而使气血畅通，增强整个机体健康。其具体做法可以概括为：精神放松，口唇微闭；心神合一，默念叩击；先叩臼牙，再叩门牙；轻重交替，节奏有致。终结时，再辅以“赤龙（舌头）搅海，漱津匀吞”，效果更佳。

（2）头为精明之府，日梳五百保平安

勤梳头是一项积极的、最简单、最经济的保健方法。为此，有人主张“日梳五百不嫌多”，要求最好晨梳2~5回，下午再梳一回。一回以两分钟梳一百次为宜。因为梳子齿与头皮频繁接触产生的电感应可以疏通经脉，促进血液循环，使气血流畅，调节大脑的多路神经功能，增强脑细胞的新陈代谢，延缓脑细胞的衰老，增益脑力，使人耳聪目明，消除劳累。

（3）脚为第二心脏，常搓涌泉保健康

人体健康，在于脚健。健脚益体，当首推热搓涌泉穴（即脚心中央凹陷处）。涌泉属足少阴肾经，“肾出于涌泉”，意思是，肾经之经气犹如水井中的泉水一样，将从这里源源不断地涌出，长久不断。经常温浴后搓此

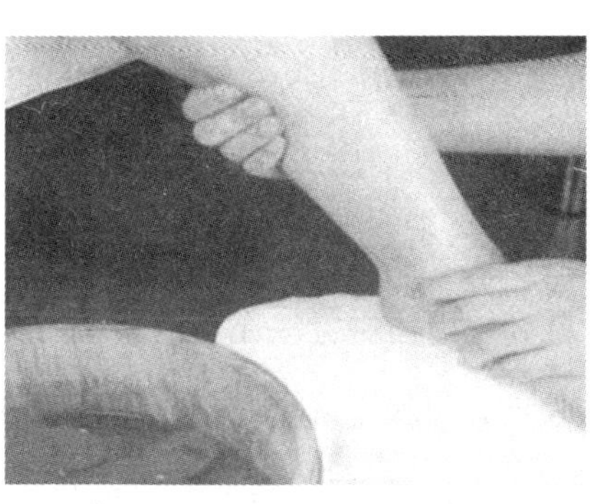

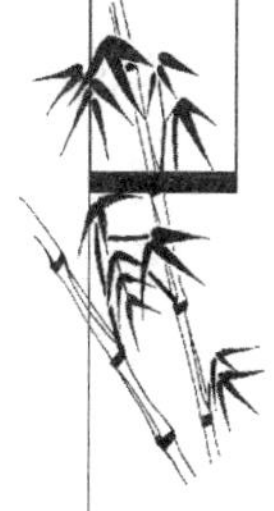

穴，可以温补肾经，益精填髓，舒筋活络，平衡阴阳，调理五脏六腑，还能治疗头顶痛、癫痫、肾炎、性功能衰退、小儿惊风、失眠、高血压、冠心病、心悸、咽喉肿痛、脚裂以及老年性四肢麻木等几十种疾病。因此，涌泉穴有“健身穴”之誉称。

(4)日咽唾液三百口，使你活到九十九

中医理论认为，唾液在体内化生为精气，为生命须臾不可缺少的物质，具有强肾益脑等作用。现代医学证实：唾液除具有灭杀微生物、健齿助消化等功能外，还能促进神经细胞生长因子和皮肤表皮细胞生长因子生长；唾液能消除代谢过程中产生的对人体十分有害的自由基；唾液还有很强的防癌作用。正因为如此，古今中外的养生学者才把它誉为“金浆”“金津”“玉液”“天然抗癌剂”等。

(5)日撮谷道一百遍，治病消疾又延年

撮谷道，就是做收缩肛门的动作。其具体做法概括归纳为“吸、舔、撮、闭”四字诀：放松全身，将臀部及大腿用力夹紧，配合收气，舌舔上腭，向上收提肛门，稍闭气，然后慢呼，全身放松。每天坚持收(提)缩100次，每次一两秒钟，若大便后应延长至两三分钟，可以促进肛周血液循环，防治静脉淤血以及由此而引起的内痔、外痔、肛瘘、肛裂、脱肛、肛门湿疹、便秘、慢性肠炎等；同时，对治疗和预防冠心病、高血压病、下肢静脉曲张、肛周炎症、肛周皮肤损伤等慢性疾病也有显著效果。

(6)随手揉腹一百遍，通和气血补肾元

揉腹，即用手来回擦或搓腹壁的一种养生保健法。中医理论认为，腹为人体“五脏六腑之宫城，阴阳气血之发源”，并认为，脾胃主运化水谷精微和统摄精血肾液充养敷布全身，令五脏六腑常壮无恙。通过揉腹，可以收到调理脾胃、通和气血、培补肾元等功效。现代医学证实，揉腹有强壮脾、胃、肠和腹肌，增强消化系统功能和减肥作用，还有治疗老年性便秘、

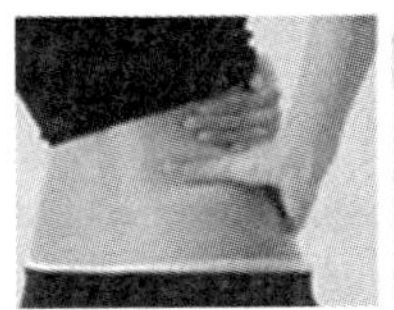
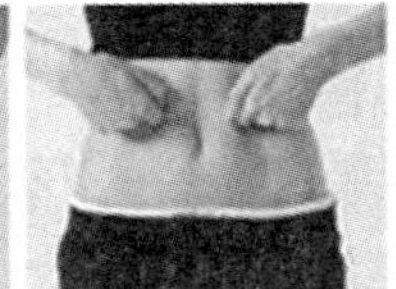
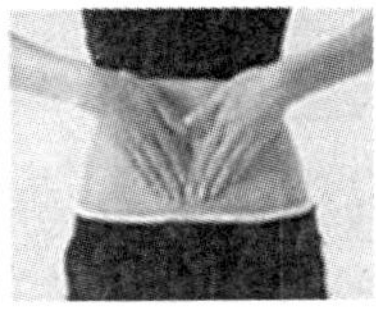

按摩法
这是一种最常用的腹部减肥法，揉捏的动作加上按摩霜，对于脂肪的消耗效果很不错。按摩可以提高皮肤的温度，大量消耗能量，促进肠蠕动，减少肠道对营养的吸收，促进血液循环，让多余的水分排出体外。
方法：以肚脐为中心，在腹部打一个问号，沿问号按摩，先右侧，后左侧，各按摩 30 ～ 50 次，每天按摩 1 次。

指压篇
“水分穴”位于肚脐以上一根手指宽的地方；“天枢穴”则在肚脐横向约 7 厘米的地方。用两手的食指反复用力指压“水分穴”，能避免小腹凸出，另外指压“天枢穴”则能促进废物排泄。

胃肠溃疡、周期性失眠、遗精、心血管病等疾病的功效。揉腹方法最好遵从《延年九转法》一书介绍的方法进行：先用右手大鱼际在胃脘部按顺时针方向揉摸 120 次，然后下移至肚脐周围揉摸 120 次，再用全手掌揉摸全腹 120 次，最后逆向重复一遍。揉腹次数因人而异，饱食、空腹或腹部患有炎症、肿瘤等人则不宜施行。

(7) 人之肾气通于耳，扯拉搓揉健身体

古人强调肾耳合一，互为作用。耳为肾外窍，耳健则肾通；肾气充足，肾精盈满，则听觉灵敏，针坠地也能闻其声。其做法为：以右手从头上引左耳 14 下（即右手绕过头顶向上拉左耳），再用左手从头上引右耳 14 下（即左手绕过头顶向上拉右耳）。

现代医学认为,耳朵上的49个穴位与体内的五脏六腑以及十二经脉、三百六十五络联系密切。采用扯、拉、按、摩、搓、揉、点、捏等手法,对双耳进行物理刺激和针灸治疗效果更好,对肝、胆疾患也有辅助治疗作用。

(8)消疲健美助血运,勤伸懒腰最为高

所谓伸懒腰,就是指伸直颈部、举抬双臂、呼吸扩胸、伸展腰部、活动关节、放松脊柱的自我锻炼。这样能使颈部血管顺畅地把血液输送到脑部血管里,使大脑得到充足的营养,从而消除疲劳,振奋精神;能使全身神经肌肉得以舒展,促进机体平衡;能增加吸氧量,呼出更多的二氧化碳,促进机体新陈代谢;能消除腰肌过度紧张,并防止腰肌劳损,而且能及时纠正脊柱过度向前弯曲,保持健美体形。

5.日常简易健身方法

如果总是长时间在案头忙碌,用电脑、看文件、商量研究事务,很容易患上肥胖、心脑血管病、糖尿病、骨质疏松等疾病。应当坚持锻炼,消除疲劳,远离亚健康,预防疾病。

下面介绍一些适于工作节奏快的人们的简易、有效的健身方法。

(1)叩头

每天早晨起床后或晚上睡前轻叩头部,刺激头部穴位。全身直立,放松。用双手手指轻叩头部,从前额向头顶两侧叩击,再从头部两侧向头中央叩击。次数自定,一般为每天50次左右。

(2)梳头

用木梳(勿用塑料、金属制梳,最好是黄杨木梳,若无木梳,也可用手指代替)先从前额经头顶部到后部,逐渐加快。不要用力过猛,以免划破头皮。再顺头发梳,最后逆向梳。每分钟20~30下,每日1次,每次3~5分钟。梳头可以刺激头皮,松弛头部神经,促进头部血液循环,调节经络,达到消除疲劳、强身的效果，对脑力劳动者尤为适宜。

(3)击掌

双手前平举，五指伸开，用力击掌，越响越好，刺激双手上的相应穴位。一般每天击20次左右。

(4)浴手

取习惯体位，心静神凝，耳不旁听，目不远视，意守丹田，双手合掌由慢到快搓热。

(5)搓面

把搓热的手平放在面部，双手中指分别由前沿鼻两侧向下至鼻翼两旁，反复揉搓，到面部发热为止。然后，闭目，用双手指尖按摩眼部周围。

(6)搓耳

耳廓上有很多穴位，用双手食指、中指、环指3指，前后搓擦耳廓。次数视个人情况而定，一般以每天20次左右为宜。

(7)搓颈

用双手食指、中指、无名指反复按摩颈后部的风池穴、风府穴，力量由轻到

重,直到局部发热。

(8)腹式深呼吸

直立,双手叉腰,以腹式呼吸法深吸气。停顿片刻,慢慢呼气,直到呼完为止。再深深吸一口气,反复10余次。

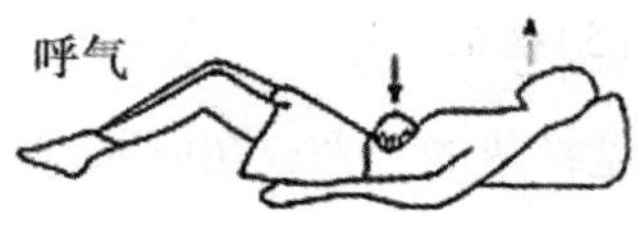

(9)弯腰

双脚自然分开,双手叉腰,先左右侧弯数次,再前后俯仰数次,然后双臂左右扩胸数次,次数自定。

(10)散步

轻松、从容地踱步,把一切琐事暂时抛开,可以解疲劳、益神智。散步宜循序渐进,量力而行,做到形劳而不倦。持之以恒,能振奋精神,兴奋大脑,使下肢矫健有力。

6.心理运动操

心理运动操可以全面消除紧张的情绪,有助于提高对思维过程的自我监控能力,恢复良好的工作效率。下面介绍几种心理操。

(1)静思坐养操

用一种你认为最舒适的体姿坐在高度适中的椅子上,让家人缓缓地

按摩你的扁、颈部肌肉。其间,做均匀的深呼吸,并轻微地转动头部。此时的注意力必须全部集中到放松的感觉上来,每次时间一般以 15 分钟左右为宜。静思坐养操可以缓解工作时注意力不能很好地集中、思维凌乱等心理障碍。

(2)耳廓按摩操

选择一种舒服的体姿平躺或静坐,然后闭上双眼,用双手拇指和食指夹住耳朵。拇指在后,食指在前,自耳朵上部向下部来回轻轻捏揉,每次约 10 分钟左右,这样可以改善记忆力减退的状况。

(3)提腿摸膝操

双脚升立与肩同宽,先平抬左腿,用右手摸左膝,再抬起右腿,换左手摸右膝。如此交叉反复练习 3 分钟。然后改做平行练习,即抬左腿,以左手够左膝,再抬右腿,以右手够右膝。持续练习 3 分钟。动作要舒缓、有韵律,眼睛保持平视,全身自然放松,类似于做广播体操的整理运动。由于大脑两半球对躯体功能实施对侧控制,即右半球控制躯体左侧,左半球监管躯体右侧,该练习可以促进大脑两半球协调工作的能力,缓解单侧用脑过度所引发的身心疲劳症状。

(4)想象放松操

选择舒适的姿态让自己倚靠或平躺下来,然后闭上双眼,努力想象:自己正坐在或躺在一叶泊于港湾的小舟上,小船随着湛蓝的海水泛起的轻波荡漾着,天空几朵浮云在自由地徜徉……你尽情地感受这一切。总之,怎么美怎么想,练习时间每次约10分钟。

7.缓解压力的运动形式

(1)自己喜欢并能享受的运动

从事自己喜欢并能享受的运动项目,能产生正面的身心效果,如网球、羽毛球、足球、乒乓球、篮球、高尔夫球等。由于是自己喜爱的运动,所以在运动时能够集中精力,保持愉快的心情。心无杂念而且能专注于运动过程和动作的协调,也是舒解压力的有效方式。同时,清静专心地运动,其缓解压力和促进健康的效果更佳。

(2)有氧运动

有氧运动的特点是具有节奏韵律,可以持续长时间地进行。在有氧运动过程中,人们不会有呼吸急促或因乳酸堆积而肌肉酸痛的不适现象。如快走、慢跑、舒缓的舞蹈、游泳(长距离)、骑自行车、爬山等,这些运动会消耗大量的热能,能把在有压力情况下所产生的不适去掉,会使人有舒畅愉快的感觉。运动后恢复期间的生理作用也会大于压力期间的生理反应,因而血压、心率趋于正常。有规律的有氧运动可以增强人的心肺功能和摄氧能力,还可以促进人的人际交往,对缓解压力有很大的好处。

(3)伸展操

伸展操可以提神与放松肌肉。伸展是指在一个或多个关节处伸展肌肉、肌腱和韧带的活动,每个动作持续时间为20~30秒,可以在全身各关节由上而下或由下而上分别伸展。如果能在伸展过程中注意调息,将呼吸频率放慢、变深、加长,而且集中精神于调息或被伸展的肌群,则可以使消除紧张和缓解压力的效果更好。

(4)重量(或肌肉)训练

重量训练是指用各种方式来增强肌力和耐力的活动,也可以缓解压力,减低神经、肌肉的紧张程度。因为人的肌肉在用力收缩后会更加放松。肌肉收缩还会消耗不少能量，加快新陈代谢，这样也可以消除精神压力，有益于健康。重量训练或健身活动不一定要到健身房，在家中和办公室同样可以进行。利用简便器材也可以做重量或肌肉负荷活动。

8.运动处方防治神经衰弱

神经衰弱是没有器质性病变而有疲劳、无力、失眠、焦虑、忧郁、烦躁、多疑、神经过敏、情绪波动等症状的一种精神因素所致的疾病。用药物治疗，远不如用运动处方奏效快，诸如做操、跳舞、打太极拳等。

推荐下图所示的体操：

1．脚开立，比肩稍宽，两手从两侧向上举起，同时仰头吸气。

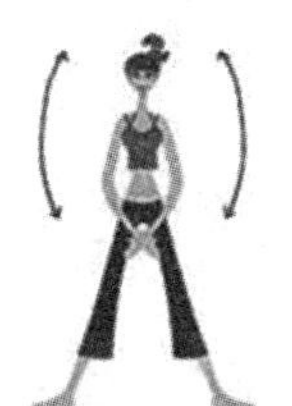

2．臂从两侧回落至体前交叉，放松肩膀，同时吐气，头回复至中间位置（第1、2个动作，重复3次）

3．双手体前交叉，两脚向两侧分开，双腿曲膝同时吸气，两臂慢慢抬起从两侧向上平伸。

4．身体回复直立，双手回落至体前并交叉，同时呼气，重复第3个动作，头向右侧（第3、4个动作，重复3次）。

5．两脚开立，比肩稍宽；双手平伸，同时吸气 。

6．身体向左侧侧弯，双手伸直，头向上看，同时吐气（第5、6个动作，重复3次）。

9.脑力劳动者适合的简易健身活动

有很多人向往出入写字楼，坐在电脑、电话前的脑力劳动者的生活。殊不知，身在写字楼中的人生活得并不快乐，写字楼中的生活蕴藏着无形的杀机，“静”“躁”“疲”给生活在其中的人们带来巨大威胁。

7. 两脚开立，比肩稍宽；双手从体前向上举起，头向后弯，同时吸气。

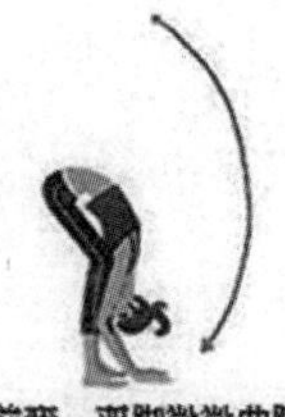

8. 身体向前弯，双脚微微曲膝，双手抚地，同时慢慢吐气（第7、8个动作，重复3次）。

9. 双脚并拢，下蹲，双臂向上伸直，保持呼吸。

10. 双脚伸直，双臂向上伸直，同时吸气；双手从两侧落下放松，同时吐气（第9、10个动作，重复一次）。

11. 双手抚地，双腿曲膝跪地，抬头挺胸压腰，同时吸气

12. 双手抚地，双腿曲膝跪地，拱背低头，同时吐气（第11、12个动作，重复三次）。

13. 坐在地上，右脚向右侧平伸，左脚向内侧弯曲，右手扶住右脚脚尖伸拉腿部，左手举起侧伸，抬头，保持呼吸（反方向重复一次）。

14. 身体后倾，两脚前伸，右脚跨至左腿外侧，曲膝，并努力向下压右腿膝盖，保持呼吸（反方向重复一次）。

15. 盘腿坐在地上，双臂从两侧举起至双手并拢，抬头，同时吸气。

16. 盘腿坐在地上，双臂分开从两侧落下，同时吐气，头回到中间位置，双手放松，全身放松。

静：长期伏案工作，体力锻炼少，气血周流不畅，脉络阻滞，筋骨不展，四肢不健，是多种疾病诱发的前提。

躁：不少写字间，嘈杂繁乱，空气污浊，复印机、打印机释放出有害气体，人们思虑过度，寝食俱废，长期的紧张焦虑，往往暗耗心血，躁忧心神，为失眠、高血压及心脑血管疾病埋下了根基。

疲：长期焦虑不安，精神紧张或伏案劳心太过，容易疲惫，出现头晕眼花、思维迟钝、记忆力减退、肩背酸、四肢乏力现象，无所适从。

脑力劳动者总是抱怨没有专门的时间从事健身活动。其实可以通过做一些简易健身活动强身健体。简易健身活动的内容如下：

(1)肢体活动

久坐伏案，应适当活动肢体：深呼吸，扩胸，下蹲，腰部左右侧屈，头部左右转动，眼睛左右侧视，从上到下或从下到上。这样全身都得到活动，可以促进气血周流，舒筋活络，提高工作效率。

(2)静养吾心

微闭双目，心无杂念，全身各部位放松，随着深呼吸运动，由头至脚，如温水蒸气浸润全身。如此做3~9次，顿感轻松舒适，疲劳顿消，其目的在于加强内脏的锻炼。

(3)头面按摩

头面为阳气汇集之处，加强头面按摩，可以促进头面血液循环，解除焦虑，美容明目。梳发：微展五指，以中指为中心，从头额部向后梳至枕部3~9次，可以使头发柔软，改善头部血液供应。摩面：揉太阳穴，轻刮眼眶、鼻梁，有美容保健作用。叩齿：稍用力咬合上下牙齿，可以起到固齿作用。敲天鼓：双手环指塞入耳道，中指、食指叩击后枕部，耳内可以听到如鼓之声，这样可以防治眩晕，清醒头目。拉耳垂：耳垂上有许多穴位，常拉耳垂，可以刺激该部穴位，有调节神经内分泌的功能。

(4)交替运动

交替运动是对付疲劳的有效方法。交替运动可以使人体各个系统交替进行锻炼。交替运动的方法比较多，像体脑交替（体力活动和脑力劳动

交替进行)、动静交替、左右交替、上下交替、前后交替等。脑力劳动者工作一段时间后,可散步、做操或者活动筋骨,有益于调理紧张的神经系统。采用冷水浴和热水浴交替的方法,对缓解体力和脑力的疲劳都很有效。经常做案头工作的写字楼白领可以进行逻辑思维和形象思维的交替锻炼。

三、法宝之一:饮食疗法——从中医疗法谈亚健康

1.从中医学认识亚健康

(1)中医的整体观

世界上任何生物都与自然界四季的阴阳变化的大环境分不开。大自然需要平衡,人作为一个有机的整体,也需要保证机体的脏腑功能平顺安和、阴阳气血相对平衡,不平衡就会出现病理状态。人体是一个庞大的系统,把人体作为大系统来认识和治理,达到人与自然、人与社会、精神与机体、脏与腑、表与里等的平衡,脏腑功能才能安顺平和。由于亚健康的主要症状正是因为人体阴阳、气血、脏腑等失于平衡才出现的,因此中医治疗主要以平衡阴阳及调理脏腑为出发点。

(2)调理阴阳、脏腑

就人体而言,气为阳,血为阴;体表为阳,体内为阴;背部为阳,腹部为阴。就脏腑而言,五脏属阴,六腑属阳。但每脏又有阴阳之分。这些阴阳出现偏差,人体都会出现不适。中医就是通过药物的阴阳(寒热温凉)属性去调整人体阴阳的偏差的。

调理阴阳、脏腑是指依据中药的归经学说,该补的补,该泻的泻,扶弱抑强,使脏腑恢复平衡状态,达到正常的生理功能。在人的整个生命过程中,五脏之间就是相互滋生、相互制约,共同维持人体内环境的平衡状态。因为外邪的入侵、情志的损害、起居的无常、饮食的无度等,都会使平衡被

打破，从而导致人出现亚健康状态，甚至出现病理状态。

(3)“治未病”理念

亚健康的提出承袭了中医“治未病”的基本思想，中医强调未雨绸缪，如《素问·上古天真论》指出：“……虚邪贼风，避之有时；恬淡虚无，真气从之；精神内守，病安从来？”认为健康的生活、行为、工作方式是预防亚健康和疾病的根本，概括之即饮食有节、起居有常、情志调畅及劳逸适度。正如孙思邈所言：“善养性者，则治未病之病。”“内外百病皆悉不生，祸患灾害亦无由作——此养性之大经也。”

吸烟、过度饮酒、经常吃高脂肪食物或过量饮食、缺少运动、睡眠不足、不吃早饭等不良生活习惯，都会使我们健康的身体逐渐转变成亚健康状态，最后导致各种疾病发生。因此，必须摒弃那些有损于健康的不良生活习惯。不吸烟，适量饮酒，保证每日足够的睡眠，均衡营养，坚持锻炼身体，培养广泛的兴趣爱好，修身养性，陶冶情操，这样就可以预防一些心理疾病的发生。

在工作中注意劳逸结合是预防亚健康的关键。劳动和休息是人类生存和保持健康的条件，劳逸需要合理安排，否则会影响人体生理功能，使气机紊乱或损伤正气。当前，人们快节奏的生活丰富了生活的内涵，提高了生活的质量，但日趋激烈的竞争环境、复杂的思维活动、大量繁杂的事务，不可避免地产生了诸如使人处于亚健康状态的副作用。超负荷工作剥夺了必要的休息，人由此产生了亚健康状态，出现了劳力过度而伤气，劳神过度而伤心血，房劳过度而耗伤肾精。所以，必要的休息可以消除疲劳，恢复体力和脑力，是防止亚健康状态产生的关键。正常的工作和体能锻炼，有助于气血的流通和增强体质。

2. 中医辨证施治亚健康

亚健康为介于健康与疾病之间的一种生理功能低下的状态，主要表现为心、肝、脾(胃)、肾等脏器的病理现象,临床表现以虚正、虚中夹实为主。中医在治疗上以养心安神、健脾和中、滋阴补肾、疏肝行气为法。常用方药归纳有百余种,均符合中医学脏腑、气血、阴阳的辨证体系。其方药能促进脏腑低下之功能恢复正常,保持机体功能,调节免疫系统,起到维护重要脏器生理功能的作用。

中医将亚健康分为肝郁气滞、气血亏虚、瘀血内阻、脾虚湿盛、肝肾两虚五型,通过辨证论治,往往能达到较好的目的。

(1)肝郁气滞型

肝为肝脏,性喜条达。人若遇诸事纷争,易出现肝郁不畅,气机不利。常表现为心情郁闷,意志消沉,寡言少欢,或性情急躁,心烦易怒,胸胁苦闷,走窜痛,善太息,脘闷纳呆,多梦易惊,女子症见经血不调,舌淡红或暗红,脉弦。治宜疏肝解郁,调畅气机。方用四逆散、逍遥散、小柴胡汤、柴胡疏肝散加减,选用柴胡、枳实、白芍、玫瑰花、苏梗、佛手、远志、夜交藤、五味子、麦冬等。

(2)气血亏虚型

心主神明,脾主运化。心脾气虚易致气机升降失调,清阳不升,心脑失养常致头晕目眩、心慌、不耐劳作、倦怠乏力、气短自汗、不易入睡、纳差便溏、食后脘腹胀满,有面色萎黄或少华、舌淡苔白和脉细无力等一系列症状。治以补脾、益气、养血为原则,用养心汤、人参归脾汤、归芍六君子汤等加减。选用党参、白术、芍药、酸枣仁、茯神、柏子仁等。兼有心血、胃阴不足者,酌情加入天冬、麦冬、当归、生地黄、北沙参、五味子等。进一步发展,致脾肾阳虚而出现身倦乏力,少气懒言,耳目不聪,神疲思睡,形寒肢冷,舌淡苔白,脉沉细弱。治宜温肾健脾;偏脾虚者,给予附子理中丸、吴茱萸汤加减,如加干姜、吴茱萸;偏肾虚者,给予金匮肾气丸、右归丸加减,如加地黄、山药、杜仲、枸杞子。

(3)瘀血内阻型

气为血之帅,气郁不能行血而致瘀血内阻。症见躯体刺痛,难以定位,肌肤色暗不华,甲错或失容,女子经期后延或见痛经,舌质暗或有瘀斑,脉细涩。治宜养精、活血、通络,方用当归芍药散、逐瘀汤等加减。常选当归、赤芍、川芎、鸡血藤、桃仁、红花、牛膝等。

(4)脾虚湿盛型

脾主运化,喜燥恶湿,为人体气血生发之源,后天之本。若长期饮食失调,过食生冷瓜果,或过度劳倦,可毁脾虚,不能运化水谷精微,湿停中焦,导致胸闷脘痞、食欲不振,肢倦乏力、身热不扬,舌苔黄腻,脉细。治宜健脾渗湿,方用胃苓散、参苓白术散和藿朴夏苓汤加减等。常选生薏苡仁、白术、砂仁、白蔻仁、藿香、厚朴、陈皮、茯苓、姜半夏等。

(5)肝肾两虚型

肾为先天之本,藏真阴而寓阳;肝主藏血。肝肾两亏者常见须发早白、牙齿松动、面色憔悴、头眩目干、腰酸腿痛、梦遗滑精、带下淋漓等。治宜滋养肝肾为主,方用六味地黄丸等加减。常选用生地黄、山茱萸、山药、黄精、泽泻、茯苓、丹皮、何首乌、枸杞子、当归、菟丝子等。

3.亚健康的中医疗法

(1)传统医学中的精神调节

中医对亚健康状态的治疗,首先是注意精神心理治疗。中医认为,人的精神、意识、思维活动不仅仅是人体生理功能的重要组成部分,而且在一定的条件下,又能影响整个人体生理功能的协调平衡。所以,《素问·灵兰秘典论》说:“心者,君主之官也,神明出焉。”《黄帝内经·灵枢·邪客》说:“心者,五脏六腑之大主也,精神之所舍也。”《类经》云:“心为脏腑之大主,而总统魂魄,兼该意志,故忧动于心则肺应,思动于心则脾应,怒动于心则肝应,恐动于心则肾应,此所以五志唯心所使也。”又说:“情志

之伤,虽五脏各有所属,然求其所由,则无不从心而发。”人的精神意识、思维活动,虽可分属于五脏,但主要归属于心主神明的生理功能。因此,心主神明的生理功能正常,则人精神振奋,神志清晰,思维敏捷,对外界信息的反应灵敏和正常;反之,人会则出现精神意识思维的异常,出现失眠、多梦、神志不宁、反应迟钝、健忘、精神萎靡,甚至更严重的临床症状。现代医学、心理学都表明,人的精神心理因素与健康的关系极为密切,不健康的精神心理是诱发疾病的导火索。因此,调节个人精神情志,保持正常的心理状态,避免异常的精神刺激,是防止亚健康状态出现的重要前提。

自古以来,中医学对医生的医风、行医态度、文化修养须尤为重视。四诊尤为仔细、亲切,病人可以在诊病的接触中道出自己的许多烦恼,医生可在亲切的语气中给予一些必要的解释、鼓励和指导,使病人摆脱烦恼,保持稳定状态,营造良好的心理起点。一般情况下,个体若能自我启动心理防卫机能,使心理不稳状态得到调节的话,暂时的亚健康就可以不治而愈。如果就诊的患者心理防卫机制较弱,就迫切需要医生为之启动。再者,周围环境的改变,亲人的关怀,多种渠道的疏导,都有利于亚健康的治疗,因此把握此阶段的治疗相当重要。对于人生中的调整和变动想得开,能安然地度过心理危机,是以自我心理防卫机制可以启动为前提的,大多数人是具有这种前提的。

(2)中医的推拿按摩治疗

中医认为,脏腑气血功能紊乱是亚健康状态的病理基础。推拿按摩是一种物理疗法,通过手法刺激人体的皮肤、肌肉、关节、神经、血管以及淋巴等,促进局部的血液循环,改善新陈代谢,激发和引导经络系统,实现扶正祛邪,平衡阴阳,调节脏腑、气血功能。推拿按摩可使机体的正常活动得以恢复和维持,将机体各脏腑组织器官的功能调节到或接近于最佳生理状态,使机体正气旺盛,增加免疫功能,起到预防疾病、强身健体的作用。推拿按摩疗法突出了中医疗法的优越性——简便有效、易为人接受。推拿按摩治疗的过程让人感觉到机体轻松、心情舒畅,更益于治疗亚健康状态。亚健康状态得到有效治疗后将大大降低各种疾病的发病率,为保护机体健康、提高生存质量,提供一种有效的保健手段。

4.中医推拿脊背干预亚健康的机制

对亚健康状态的干预,是防止疾病发生的重要手段之一,这也是中医学“治未病”的目的:对身体的阴阳失调及时调整,使机体经常处在“阴平阳秘,精神乃治”的健康状态。

采用推拿脊背的方法干预亚健康状态的机制如下:

①纠正生理解剖位置的失常,即可使其相应的疾病得到治疗。通过推拿脊背疗法将骨复位,使筋归槽,使肌肉恢复弹性,保持血管畅通。

②脊背与内脏有着密切的联系,脊柱与肌肉保持动态平衡,这种平衡又直接影响、维系着脊背与周围脏器之间的联系,通过推拿脊背疗法,恢复脊背的动态平衡,使一些被破坏和阻断的联系再次恢复起来,达到治疗亚健康状态的目的。

③人体的各个脏器都有特定的生物信息(各脏器固有的频率、热能和生物电等)。当脊背发生病变时,它的生物信息会发生变化,通过推拿刺激脊神经,就可以清除由生理解剖位置失常引起的病变信息,改变紊乱的信息通道,使症状得到解除。

推拿按摩的一般手法如下:

按:用手指或手掌在皮肤或穴位上有节奏地按压。

摩:用手指或手掌在皮肤或穴位上进行柔和摩擦。

推:用手指或手掌向前、向上或向外推挤皮肤肌肉。

拿:用一手或双手拿住皮肤、肌肉或腱膜,向上提起,随后又放下。

揉:用手指或手掌在皮肤或穴位上进行旋转活动。

搓:用单手或双手搓擦肢体。

掐:用手指使劲压穴位。

点:用单指使劲点按穴位。

叩:用掌或拳叩打肢体。

5.亚健康保健常用穴位及应用

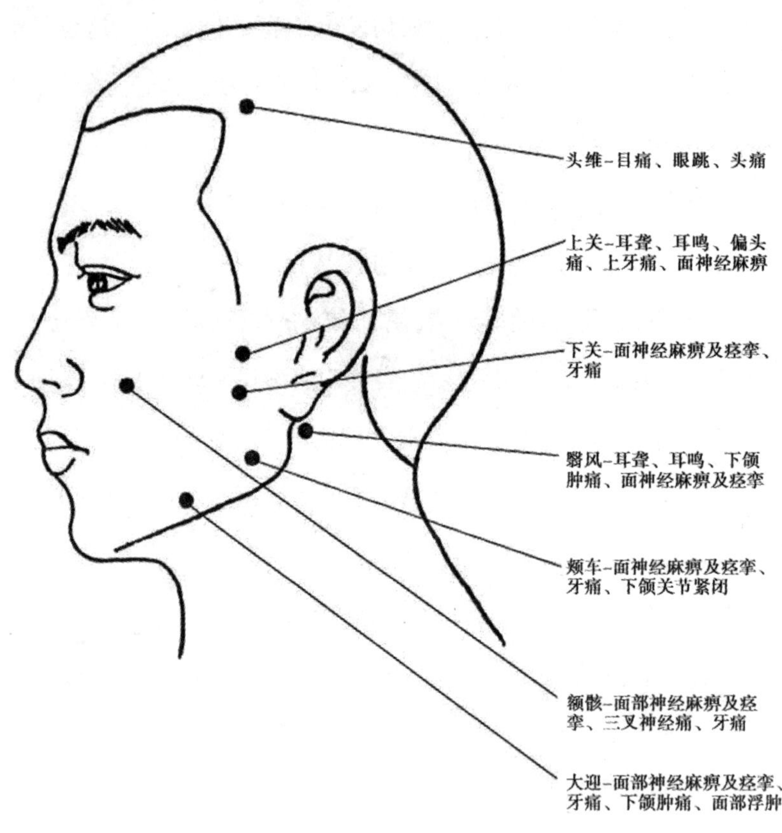

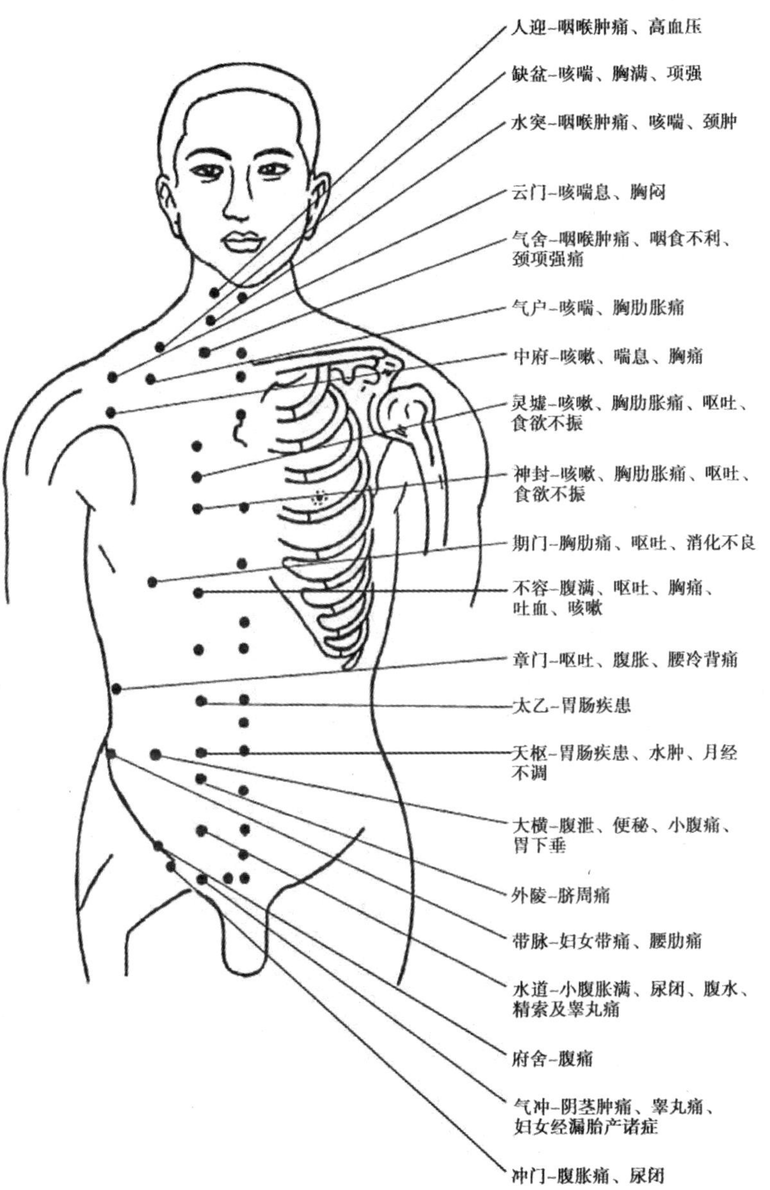
人迎-咽喉肿痛、高血压
缺盆-咳喘、胸满、项强
水突-咽喉肿痛、咳喘、颈肿
云门-咳喘息、胸闷
气舍-咽喉肿痛、咽食不利、颈项强痛
气户-咳喘、胸肋胀痛
中府-咳嗽、喘息、胸痛
灵墟-咳嗽、胸肋胀痛、呕吐、食欲不振
神封-咳嗽、胸肋胀痛、呕吐、食欲不振
期门-胸肋痛、呕吐、消化不良
不容-腹满、呕吐、胸痛、吐血、咳嗽
章门-呕吐、腹胀、腰冷背痛
太乙-胃肠疾患
天枢-胃肠疾患、水肿、月经不调
大横-腹泄、便秘、小腹痛、胃下垂
外陵-脐周痛
带脉-妇女带痛、腰肋痛
水道-小腹胀满、尿闭、腹水、精索及睾丸痛
府舍-腹痛
气冲-阴茎肿痛、睾丸痛、妇女经漏胎产诸症
冲门-腹胀痛、尿闭

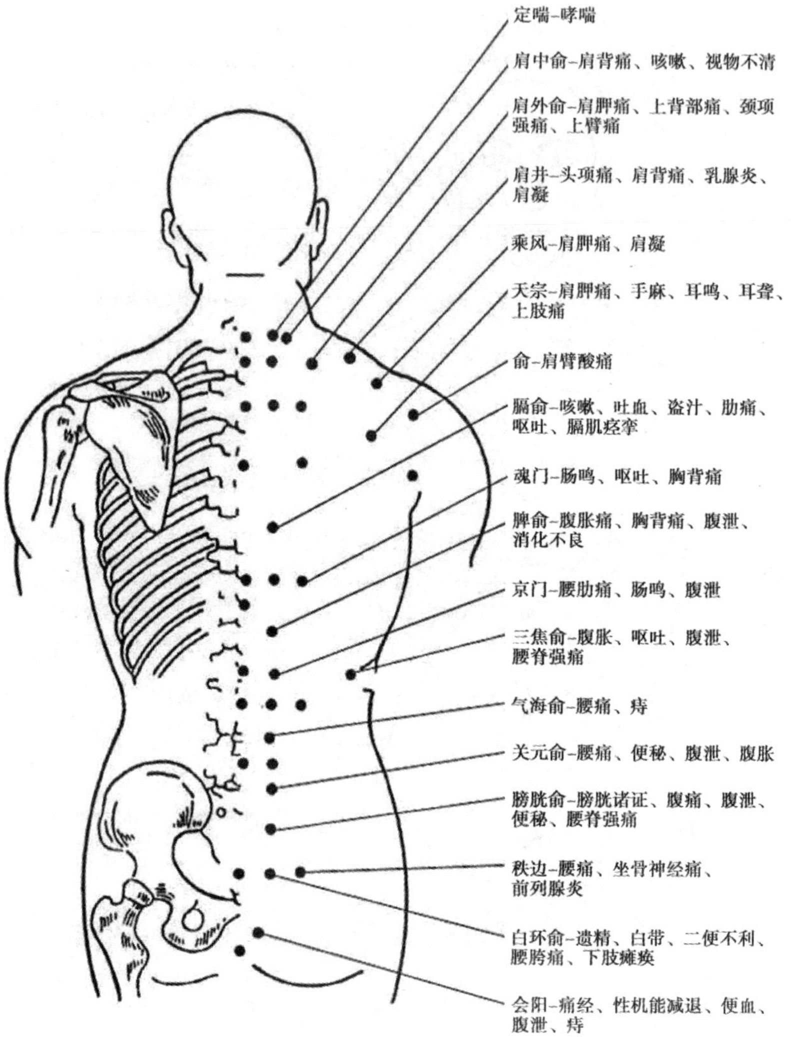

定喘-哮喘

肩中俞-肩背痛、咳嗽、视物不清

肩外俞-肩胛痛、上背部痛、颈项强痛、上臂痛

肩井-头项痛、肩背痛、乳腺炎、肩凝

乘风-肩胛痛、肩凝

天宗-肩胛痛、手麻、耳鸣、耳聋、上肢痛

俞-肩臂酸痛

膈俞-咳嗽、吐血、盗汁、肋痛、呕吐、膈肌痉挛

魂门-肠鸣、呕吐、胸背痛

脾俞-腹胀痛、胸背痛、腹泄、消化不良

京门-腰肋痛、肠鸣、腹泄

三焦俞-腹胀、呕吐、腹泄、腰脊强痛

气海俞-腰痛、痔

关元俞-腰痛、便秘、腹泄、腹胀

膀胱俞-膀胱诸证、腹痛、腹泄、便秘、腰脊强痛

秩边-腰痛、坐骨神经痛、前列腺炎

白环俞-遗精、白带、二便不利、腰胯痛、下肢瘫痪

会阳-痛经、性机能减退、便血、腹泄、痔

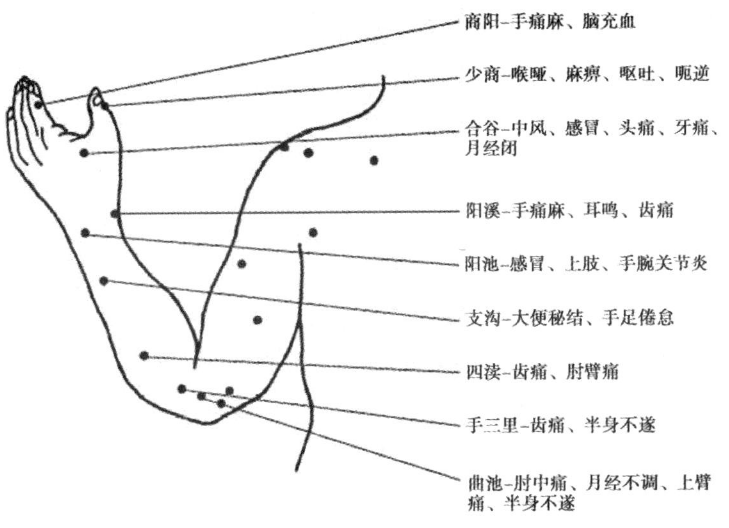
商阳-手痛麻、脑充血
少商-喉哑、麻痹、呕吐、呃逆
合谷-中风、感冒、头痛、牙痛、月经闭
阳溪-手痛麻、耳鸣、齿痛
阳池-感冒、上肢、手腕关节炎
支沟-大便秘结、手足倦怠
四渎-齿痛、肘臂痛
手三里-齿痛、半身不遂
曲池-肘中痛、月经不调、上臂痛、半身不遂

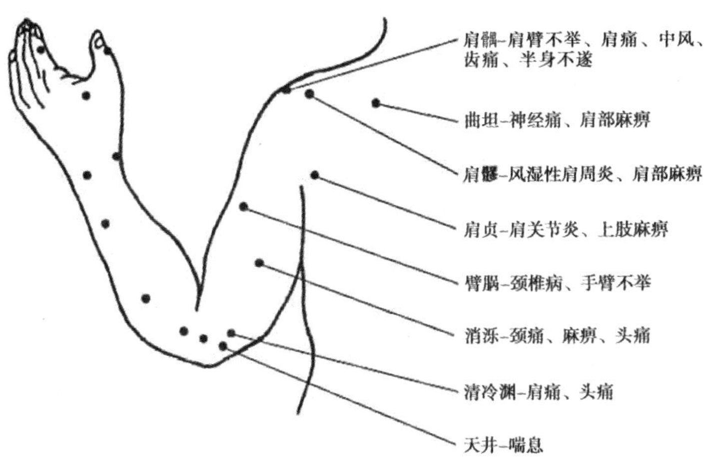
肩髃-肩臂不举、肩痛、中风、齿痛、半身不遂
曲垣-神经痛、肩部麻痹
肩髎-风湿性肩周炎、肩部麻痹
肩贞-肩关节炎、上肢麻痹
臂臑-颈椎病、手臂不举
消泺-颈痛、麻痹、头痛
清冷渊-肩痛、头痛
天井-喘息

手背穴道图

中冲穴
关冲穴
商阳穴
打嗝点
少冲穴
少泽穴
头顶点
膝痛点(前头点)
偏头点(偏头痛点、侧头点)
肛门点(生理痛点)
少商穴
后头点(偏头点)
肩痛点
新头顶点
咽头点(三叉点)
下痢点
坐骨神经点
胸部点
眼痛点
落枕点
脚痛点
合谷穴
痛点(脊柱点)
腰腿点
止痒点
升压点

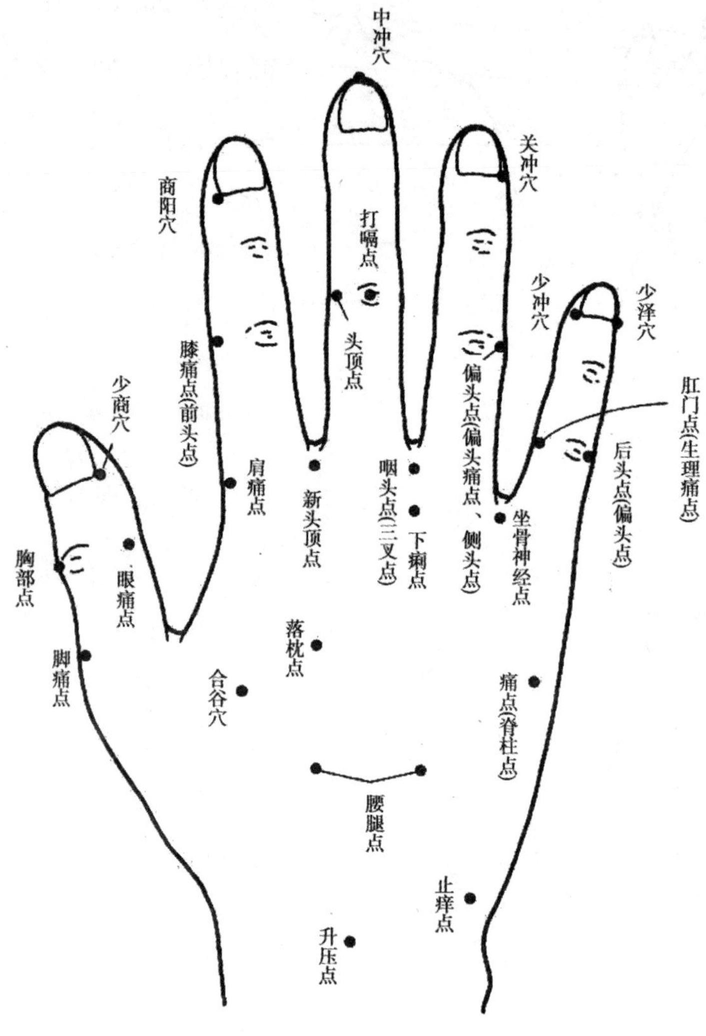

两手手背

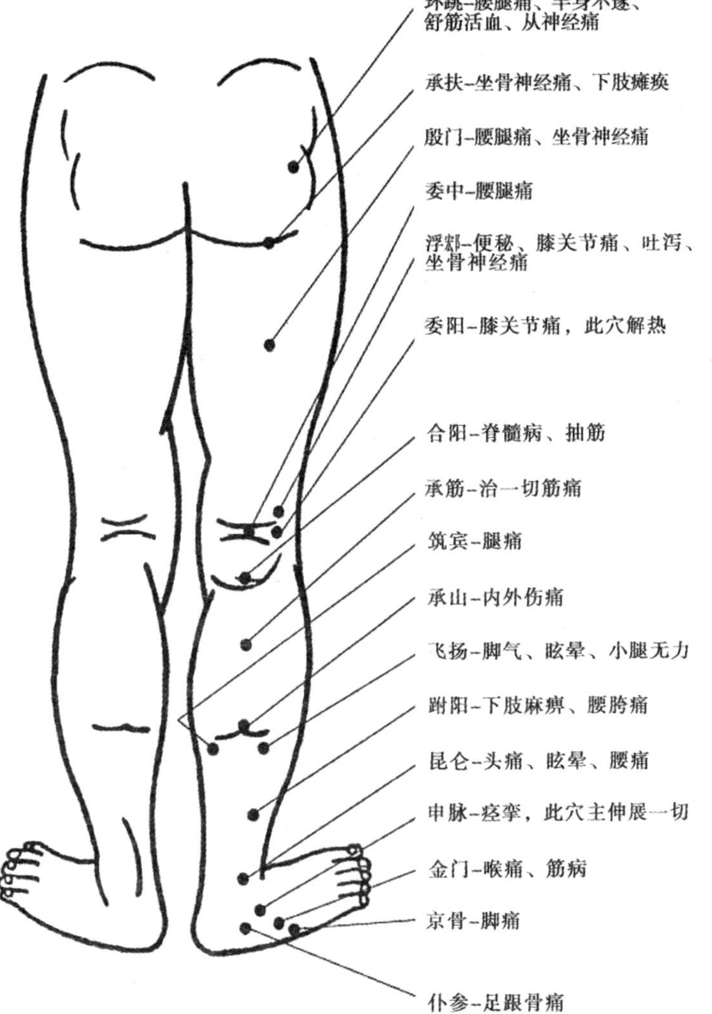
环跳-腰腿痛、半身不遂、
舒筋活血、从神经痛
承扶-坐骨神经痛、下肢瘫痪
殷门-腰腿痛、坐骨神经痛
委中-腰腿痛
浮郄-便秘、膝关节痛、吐泻、
坐骨神经痛
委阳-膝关节痛，此穴解热
合阳-脊髓病、抽筋
承筋-治一切筋痛
筑宾-腿痛
承山-内外伤痛
飞扬-脚气、眩晕、小腿无力
跗阳-下肢麻痹、腰胯痛
昆仑-头痛、眩晕、腰痛
申脉-痉挛，此穴主伸展一切
金门-喉痛、筋病
京骨-脚痛
仆参-足跟骨痛

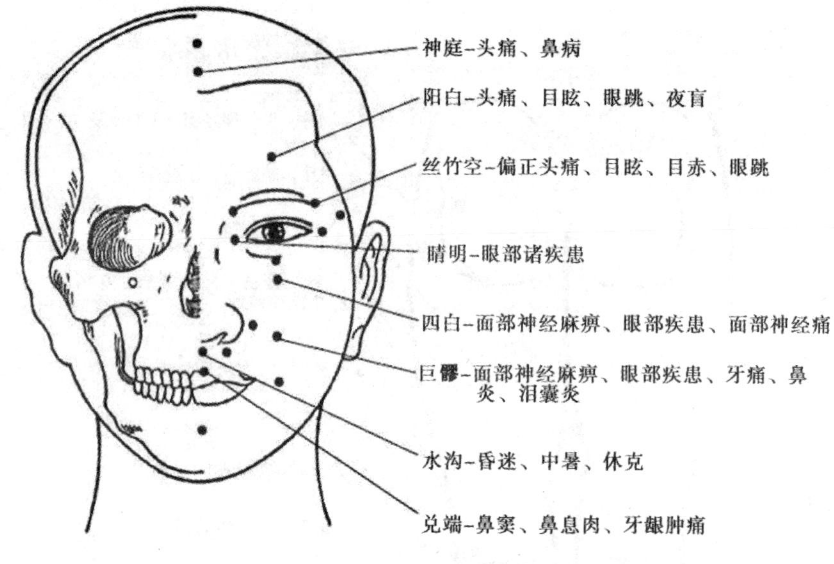
神庭-头痛、鼻病
阳白-头痛、目眩、眼跳、夜盲
丝竹空-偏正头痛、目眩、目赤、眼跳
睛明-眼部诸疾患
四白-面部神经麻痹、眼部疾患、面部神经痛
巨髎-面部神经麻痹、眼部疾患、牙痛、鼻炎、泪囊炎
水沟-昏迷、中暑、休克
兑端-鼻窦、鼻息肉、牙龈肿痛

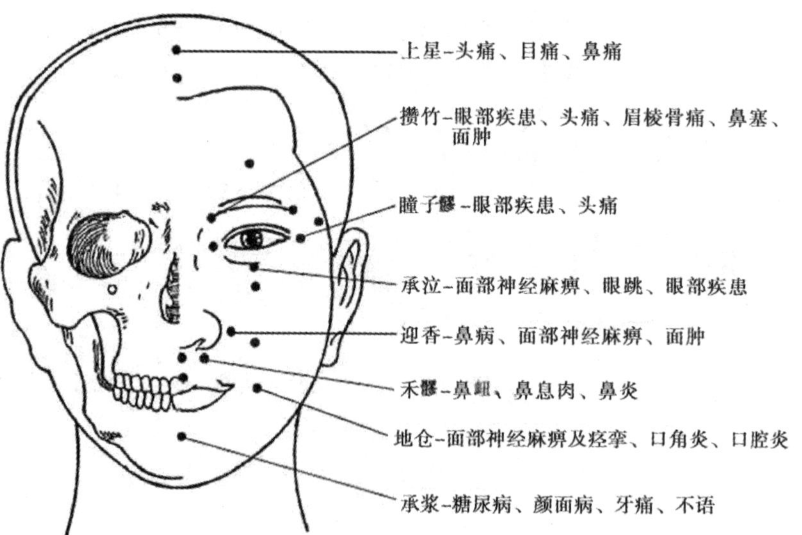
上星-头痛、目痛、鼻痛
攒竹-眼部疾患、头痛、眉棱骨痛、鼻塞、面肿
瞳子髎-眼部疾患、头痛
承泣-面部神经麻痹、眼跳、眼部疾患
迎香-鼻病、面部神经麻痹、面肿
禾髎-鼻衄、鼻息肉、鼻炎
地仓-面部神经麻痹及痉挛、口角炎、口腔炎
承浆-糖尿病、颜面病、牙痛、不语

四、法宝之四:心理疗法——从心理调节谈亚健康

1.心理健康的标准

心理因素包括心理过程与个性两个方面。心理过程由认知过程、情绪与情感过程和意志过程组成。个性包括个性倾向和个性心理特质。

情绪与情感是人判断客观事物是否符合自身的需要而产生的态度和体验,是个体对事物的好恶倾向。其中,情绪是指那些与机体生理需要能否得到满足相联系的体验,而情感则是指在人类社会发展过程中产生的与社会需要是否得到满足相联系的体验。二者是人对事物态度的一种反映,是一种主观方面的感受。人对客观事物产生的不同态度是以某事物是否满足人的需要为中介的,人的需要是多种多样的,有生物性需要、社会性需要、心理性需要等。在实际生活中,人会根据需要是否得到满足而产生不同的体验,如喜悦、愤怒、悲伤、快乐等。这种体验反映着事物与人的需要之间的关系。情绪可以分为:

①原始情绪:如快乐、愤怒、恐惧和悲哀通常被认为是最基本的或原始的情绪。

②与感觉刺激有关的情绪:与感觉刺激有关的情绪可以是愉快的、不愉快的;刺激水平可以是温和的、强烈的;所引起的情绪可以指向积极的目标、消极的目标。

③与自我评价有关的情绪:如成功和失败的情绪,羞耻,骄傲、内疚、悔恨的情绪,主要都决定于一个人对自己的行为与各种行为标准的关系的知觉。

④与别人有关的情绪:我们许多的情感体验是由自己与别人的关系引起的。别人作为自己环境中的对象,相应的情绪即指向他们。

心理学中的气质是指人在进行心理活动时的动态心理特质(强度、速

度、稳定度、灵活度），如情绪产生的快慢、体验的强弱、变化的频率等。常见的心理气质类型有胆汁型、多血质型、粘液质型和抑郁质型，相对应的高级神经活动类型是兴奋型、活泼型、安静型和抑制型。

2.马斯洛关于心理健康的标准

①有充分的安全感。

②对自己有充分的了解，能对自己的能力作出适当的评价。

③生活理想和目标切合实际。

④与周围环境保持良好的接触。

⑤能保持自身人格的完整与和谐。

⑥具有从经验中学习的能力。

⑦保持良好人际关系。

⑧适度的情绪发展与控制。

⑨在集体要求的前提下，较好地发挥自己的个性。

⑩在社会规范的前提下，恰当满足个人的基本需要。

3.斯柯特关于心理健康的标准

（1）一般的适应能力

适应性，灵活性，把握环境的能力，适应和对付变化多端的世界的能力，阐明目的并实现目的的能力，成功的行为，顺利改变行为的能力。

（2）自我满足的能力

生殖性欲（获得性高潮的能力），适度满足个人需要，对日常生活感到有兴趣，行为的自然性，放松片刻的感觉。

（3）人际间各种角色的扮演

完成个人社会角色，行为与角色一致，社会关系适应，行为受到社会的认同，与他人相处的能力，参与社会活动，利用切合实际的帮助，托付他人，社会责任，稳定的职业，工作和爱的能力。

(4)智慧能力

知觉的准确性,心理功能的有效性,认知的适当,机智,合理性,接触现实,解决问题的能力、智力,对人类经验的广泛了解和深刻的理解。

(5)对他人的积极态度

利他主义,关心他人,信任、喜欢他人,待人热情,与人亲密的能力,情感怡人。

(6)创造性

对社会的贡献,主动精神。

(7)自主性

情感的独立性,同一性,自力更生,一定的超然心态。

(8)完全成熟

自我实现,个人成长,人生哲学的形成,在相反力量之间得以均衡,成熟而不是自相矛盾的动机,自我利用。具备把握冲动、能量和冲突的综合能力,保持一致性,完整的复杂层次,成熟。

(9)对自己的有利态度

控制感,任务完成的满足,自我接受,自我认可,自尊,面对困难和问题充满信心,积极的自我形象,自由和自决感,摆脱了自卑感,幸福感。

(10)情绪与动机的控制

对挫折的耐受性,把握焦虑的能力,道德,勇气,自制力,对紧张的抵抗,道义,良心,自我的力量,诚实,清廉正直。

4.心理健康的国际标准

(1)世界精神卫生协会提出的标准

身体、智力、情绪十分调和;适应环境,人际关系良好;有幸福感;对待学习和工作能充分发挥自己的能力,过着有效率的生活。

(2)世界卫生组织提出的标准

①“三良好”,即良好的个性、良好的人际关系和良好的社会适应能力。

②“五快”,吃得快:进餐时,有良好的食欲,不挑剔食物,并能很快吃完一顿饭。便得快:一旦有便意,能很快排泄完大小便,而且感觉良好。睡得快:有睡意,上床后能很快入睡,且睡得好,醒后头脑清醒,精神饱满。说得快:思维敏捷,口齿伶俐。走得快:行走自如,步履轻盈。

5.国内认同的心理健康标准

凡是对一切有益于心理健康的事件或活动作出积极反应的人,其心理便是健康的。具体归纳如下:

智力正常,智商在 80 以上;情绪稳定而愉快;人格完整,保持个性;悦纳自我,有自知之明;反应适度,具有安全感和自尊心;具有良好的人际关系;热爱生活,有足够的学习和工作热情;生理年龄和心理年龄相符合。

6.如何理解心理亚健康

心理因素对健康的影响:

心理问题是亚健康的重要内容之一,不妥善处理会发展为心理障碍和心理疾病。而心理问题又是诱发亚健康的重要因素。所以,心理调节对于解决亚健康问题有不可替代的作用。例如,许多高考考生在紧张的复习阶段会出现胃胀、食欲不振、恶心、呕吐等症状,但是生理检查指标正常,实际上这就是心理问题导致的躯体化症状。只要通过有效、科学的心理调节,把心理问题解决了,躯体症状自然就消失了。

亚健康中的心理问题主要表现为精神疲劳、注意力分散、遇事紧张、烦躁、抑郁等。其主要原因是人们面对日趋激烈的社会竞争,社会适应能力欠缺,人际关系不和谐,从而诱发情绪紧张,持续一段时间后,导致心理问题出现。

7.如何善待心理压力

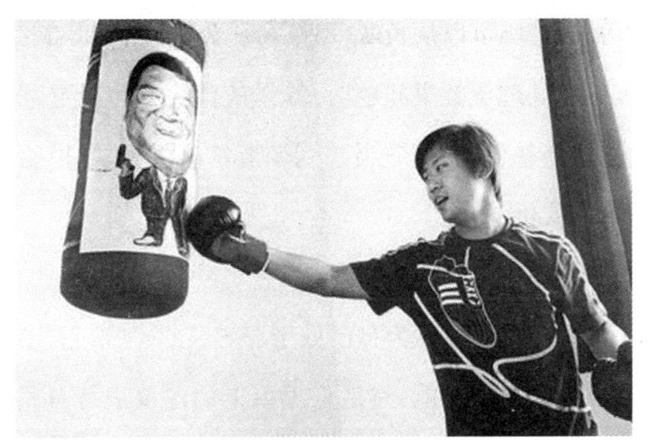

郑州某校长捐自己的漫画供老师发泄

专家指出，面对心理问题，心理调节的核心内容就是善待压力，因为心理应激的最终表现形式是压力。善待心理压力，人们至少要在生活中做到如下几个方面：

(1)承认压力存在的客观性

万事如意、一帆风顺是我们对生活的美好愿望，但是压力在人的一生中是客观存在的，没有压力、没有逆境的人生是没有的，只有承认压力存在的客观性、必然性，才能作好抗压的心理准备。

(2)培养承受压力(抗压)的能力

首先，要有意识地培养自己具备良好的性格，对待事情，要能拿得起、放得下，保持情绪的稳定。这样，当压力到来时，就不会有大起大落的应激反应。其次，要有坚定的意志、坦荡的胸怀、豁达的心境，凡事不钻牛角尖。再者，要不断领悟自然与人的客观规律，努力去认识这些规律并认识规律不可改变，人的认知和态度却可以改变，只有适应规律、把握规律，才能变压力为动力，从逆境走向成功，才不会被压力压垮。最后，要善于处理人际关系。当今社会人们面临就业、升学、住房、医疗、利益分配等诸多问题，收入差距越大，人际关系在这些事件演进中接受的考验就越严峻，

和谐的人际关系取决于人们健康平和的心态和技巧——前者需要性格养成和认知领悟，后者则可以从长辈、书籍和社会、学校中获得。

此外，人们在处理亚健康问题时，除了应注意到生活起居有规律、戒烟、不酗酒、不暴饮暴食外，还应当想到调节情绪的重要性；否则，人们会为此付出惨痛的代价。

(3)及时就医

有关专家建议，如果你认为自己处于亚健康状态，应首先到医院进行体检，排除器质性病变的可能；然后根据以上的建议进行自我认知、自我心理调节，要相信最好的心理保健医师是自己；经过一段时间努力后，如果效果不显著，或者情况还在变糟，那么就应该以科学的态度大大方方地走进心理咨询门诊，接受心理医师的帮助。

8.亚健康的主要心理表现——焦虑

随着社会的高速发展，人们的社会压力、精神压力、工作压力、生活压力也日益增大。而且现代社会的高强度、快节奏，以及错综复杂的社会环境、人际关系和激烈的竞争，使人们身心疲惫。人们精神上的弦绷得紧紧的，很少有松弛的时候，这样就很容易产生紧迫感、压力感、焦虑感和不被重视感，并出现焦虑、烦闷、忧郁、自卑、情绪低落等不良情绪。若这种精神紧张状态不超过限度，则有利于进取，也利于健康。若精神紧张状态的强度过大，自己心理承受力又不强的话，心理的疲劳将在所难免。良好的心境、对激情的适度控制以及对突发事件所产生的应激反应的调控能力，对一个人的健康起着至关重要的作用。在亚健康的临床表现中，情绪与情感因素表现最为突出。处于亚健康状态的人,情绪与情感的自我调节和控制能力较差,一旦发生焦虑就难以控制,这样一来,焦虑就成为亚健康的主要心理表现。

焦虑不是来自环境中真正存在的实际危险,而是源于杞人忧天,即心理学所说的“心理炒股”,且愈“炒”愈大,风声鹤唳,草木皆兵。担心事业会失败,担心失恋,担心交通事故,担心自己会得癌症或别的重病,担心现在无购房能力,将来涨价了更买不起……这种焦虑内容的特征是:常常觉得生活危机四伏,且认为自己没有能力解决这些难题;或者自认为不受人欢迎,猜想有人会加害自己。当陷于焦虑状态时,便会出现心悸、不安、胃绞痛、慌乱而手足无措,无所适从的情况。

焦虑与人们过度的工作负担,不合理的抱负水平,并与由此产生的贪多必失、患得患失有关。焦虑并非社会强加于人,而是人们自找的。正所谓“天下本无事,庸人自扰之”,当人们抱有不合适的欲望、妄想及追求时,烦恼和焦虑就成为这些不合理的欲望和追求所衍生出来的情绪障碍。

有一位 38 岁男子热衷于买彩票,开始从银行取出 4000 元现金“试手气”,连续买了 20 多次彩票。每次买后,他都在心里设计着中彩后的种种美妙蓝图,买一幢带游泳池的大别墅,买一辆黑色的宝马轿车,开一家建筑公司,等等,结果他只中过三个末等奖。2007 年 1 月,他又拿出 1000 元钱买彩票,可还是与大奖无缘。于是他便开始出现抑郁、焦虑、烦躁等反应,不能正常上班,甚至每天不由自主地念叨:“中彩了,中彩了!”“一切都完了!”焦虑症是一种普遍的心理障碍,女性发病率比男性要高。轻者是亚健康状态,重者则是焦虑性神经症。流行病学研究表明,城市人口中有 4.1%~6.6%的人会得焦虑症。

焦虑症的主要表现包括以下 4 类:身体紧张,自主神经系统反应性过强,对未来充满无名的担心,过分机警。这些表现可能单独出现,也可能

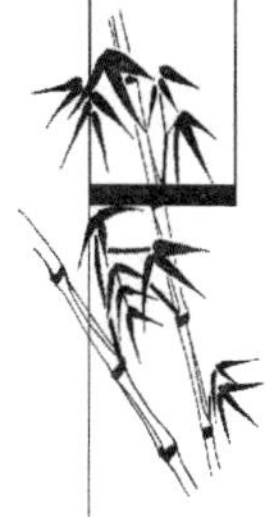

一起出现。具体内容如下:

(1)身体紧张

焦虑症者常常觉得自己不能放松下来,全身紧张。他们面部绷紧,眉头紧皱,表情紧张,唉声叹气。

(2)自主神经系统反应性过强

焦虑症者的交感神经和副交感神经系统常常超负荷工作。表现为多汗、晕眩、呼吸急促、心跳过快、身体忽冷忽热、手脚冰凉或发热、胃部难受、大小便过频、喉头有阻塞感。

(3)对未来充满无名的担心

焦虑症者总是为未来担心。他们担心自己的亲人、自己的财产、自己的健康。

(4)过分机警

焦虑症者每时每刻都像一个放哨站岗的士兵,对周围环境的每个细微动静都充满警惕。他们无时无刻不处在警惕状态,这影响了他们干其他所有的工作,甚至影响他们的睡眠。

9.如何调节心理亚健康

(1)情绪的决定因素

情绪决定人的行为举止、饮食起居乃至影响到每个细胞。情绪的本质是人们对外界事物体验后所产生的一种情感,它反映了人的愿望、理想、要求等一系列心理因素。因此,人的情绪好坏不是由客观外界事物决定,而是由主客观之间协调的程度决定的。当主客观适应时,一个人就会

产生愉快和满足的情绪；反之，就会产生不满和反感。因此，情绪的好坏，是否能控制自己的情绪，均掌握在自己的手中。俗话说得好："笑一笑，十年少；愁一愁，白了头。"保持乐观的态度，心胸开阔，"不以物喜，不为己悲"，建立和谐的人际关系，克服情感个性中的弱点，提高心理素质和修养，学会情绪锻炼，使自己的情绪坚强饱满，这无疑是走出亚健康的重要保证。

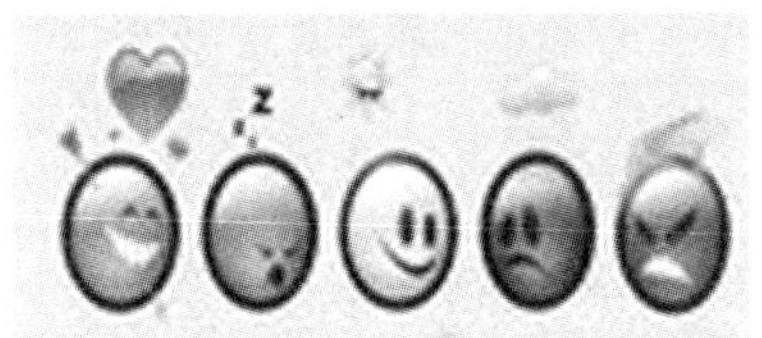

（2）情绪锻炼

所谓情绪锻炼，就是在各种情况或遭遇下，运用排遣法和转变法，调整和控制不良情绪的产生、发展，必要时针对自己可能产生的恶劣情绪，立下一至几条戒律或座右铭。当然，并非所有人皆应如此照办，而应由个人根据自身的需要，适当地进行自我的情绪锻炼。

（3）如何调整和控制不良情绪

激怒时，要疏导、平静。愤怒时，要克制，遵循"遇事不愁"的古训，对任何事情都要采取分析的态度，先理出头绪来，再慢慢解决。

怨恨时，要懂得宽大为怀，天下没有不可了结的事。过喜时要收敛，以防"乐极生悲"。

忧愁时，宜释放、自解，善于自我排遣。还要提醒自己："忧愁没有用，于事无益，还是面对现实，想想办法。"

悲伤时，要转移，自找娱乐，使心胸开阔些，尽量做到乐观、豁达。

孤独时，要交朋友。在人际交往中，不必过分沉默，也不要谈得过分。

惊慌时，要镇定、沉着。遇事不慌，泰然处之，学会在逆境中处理问题

的方法。

恐惧时,寻求支持、帮助。要善于接触他人,以增强勇气及生活的信心。

思虑时,应分散、消遣之。性情固执的人,要改变自以为是的思想方法,学会听取别人的意见。

疲劳时,学会休息,做到劳逸结合,遇事量力而行。个人随压力的大小不同要有自知之明,适可而止。

空虚时,要找些事做,如书法、绘画、对弈、养花或其他力所能及的公益活动,以寄托精神、充实生活。

(4)如何排遣和转变不良情绪

①能量排遣法。

让不良情绪的破坏能量转化为有用的能量。可以去做自己喜爱的任何工作或事情,因为工作(或劳动)是防治各种情绪病的良药甚至是特效药。

②自我鼓励法。

任何人在痛苦、打击或逆境面前,只要能够有效地进行自我鼓励,就会感到有力量而振奋起来。故在遭受挫折时,可用生活中的哲理或某些明智的思想来安慰自己,或鼓励自己同痛苦和逆境作斗争。

③转移法。

将不佳的心境向宽慰和欢乐的情绪转移。例如,可以同小孩一起玩玩。因小孩天真烂漫的孺子之心最纯洁,和他们在一起,会被他们的童心所感染,暂时忘掉忧愁。或者散步,听轻松、欢快的音乐,等等。

④自我语言暗示法

语言对人的情绪具有很大的暗示和调整作用。例如:精彩的相声使人捧腹大笑;污言秽语使人不快与愤怒;精辟而中肯的论述使人拍案叫每个人都会有情绪低落的时候，而能让你一同分担这份感情也何常不是一种幸福。

绝；而平庸冗长的报告则使人昏昏欲睡。因此，当你不高兴时，可以连续默念“喜笑颜开”等使人高兴的词句，想象那些令自己愉快的情景；在惊恐时，心里默念“要镇静，不用怕”；遇到令人愤怒的刺激时，心里默念“不要发火，要息怒，怒则失智”；在感到紧张时，心中默念“不要慌张，急则失误”；在有为难之处时，要想到“山重水复疑无路，柳暗花明又一村”。这样，不良的情绪和心情便会逐渐变好。

⑤对比解忧法。

对老年人来说，对比得当，可以解忧。例如，年纪大了可能在生活中有诸多不便，但和别人相比，却有很多的时间来慢慢处理；对许多事情已力不从心，但外来要求和应负的责任比别人少些、轻些；健康状况不如从前了，但休养和保健条件比以前好些；交际往来不如以往热闹了，但时间、精力比以往节省了；等等。也就是说，能够恰当地进行对比，就会发现许多事虽然不能尽如人意，但也没有什么可怕的，不值得时刻放在心上。

⑥自我解脱法。

在发怒或郁闷时，可以去照镜子，这时你会发现自己满脸愁云或满面怒火，板着脸，难看得很，不如笑笑，苦中作乐。如此这般几次，心中的怨或恨、怒或愁都会消散了。在遭受到财物的损失，觉察到自身的物质利益受损时，就应该想到这一切乃身外之物，丢就丢了。这样就可使自己从烦恼中解脱出来。

⑦暂时回避法。

遇到不如意的人或事，皆可有意避开。对日常生活中的琐事（非原则

性的问题)不必计较,也不用认真对待,可以一笑了之。

⑧环境调解法。

在不愉快时,到公园散心,或结伴郊游、踏青,或参观书展、画展、美展,使不良情绪得到转变。

⑨疏导法。

有苦楚时要外露,可以向亲朋好友倾诉,让泪水流出更好。在烦闷或遇事想不通时,同知己者交换意见,让思想疙瘩解开,并获得同情及精神上的安慰和帮助。

⑩超脱法。

当遇到矛盾时,可以避开,也就是无视矛盾;顺其自然,对什么事都可看得惯,想得通;对猝然来临的打击,泰然处之,或者是坚决把它丢开。人生活在大千世界,万事如意是不可能的。

在精神生活中,喜、怒、忧、思、悲、恐、惊七情的交替变化是正常的。因而,有时情绪波动或精神、心境不佳,也是常事。在此情况下,适当地运用上述的某种方法,可以取得较好的排解效果。古代医学家张介宾在《类经》中讲述:“忧动于心则肺应,思动于心则脾应,怒动于心则肝应,喜动于心则心应,恐动于心则肾应,此所以五志惟心所使也。”它阐明了酿成病的原因是怒、喜、思、忧、恐的事物能够动于心,但若能“善养此心而居处安静,无所惧惧,无所欣欣,婉然从物而不争,与时变化而无我,则志意和、精神定,恚怒不起,魂魄不散,五脏俱安,邪亦安从奈我哉”!表明如果能“善养此心”,就可以安然无恙。

(5)心理因素的其他调节方式

①适当运动。

人的健康躯体也是神与形的有机结合体,即所谓神形兼备。健康的精神状态来自自身的思想意志,一方面人总是要有精神的,另一方面精神

也要靠人体的各种力量的养护。只有人的思维、内脏各器官功能都保持兴旺状态，人才能显得精神无比。人的形体的保养还在于自身体育锻炼。人之所以生病，大多是因为不加强锻炼，现在人们热衷于都市生活，忙于事业，忙于工作，而锻炼身体的时间越来越少。所以，要加强自我运动锻炼，才可以防病治病，延缓衰老。

②广泛兴趣爱好。

广泛的兴趣爱好，会使人受益无穷。它可以增加你的活力和情趣，使生活更加充实，生机勃勃，使娱乐活动更加丰富多彩。因此，人们在娱乐活动中应该发展多种兴趣。比如，可以培养自己听音乐、钓鱼、养花、绘画、集邮、跑步、打太极拳等的兴趣。这些有益的活动不仅可以修身养性，陶冶情操，而且能够辅助治疗一些心理疾病。无数事实证明，广泛的兴趣对健康是十分有益的。

③处世乐观。

首先，要树立正确的处世观，把压力看作生活中不可分割的一部分，作好抵抗压力的心理准备。遇到突如其来的困难和压力时，不要惊慌失措，要静下心来，审时度势，理顺思绪，从困境中找出解决问题、缓解压力的办法。其次，要确立切实可行的目标定向，切忌期望过高，无法实现而导致心理压力。倘若目标经过积极努力有可能实现，无论出现何种艰难和困苦，都不要退缩和逃避，要借助压力的刺激，不断强化自己的意志，充分发挥全身的能量，达到目标。最后，要学会适度减缓压力，以保证健康、良好的心境，使体内的正气旺盛，去除致病因素，早日回到第一状态，成为健康人。

④参加旅游活动。

“我活得真累”是都市人现在常对知心朋友讲的一句话。商海的沉浮、工作的压力、交际中的困惑等都让都市人感到累。他们把大多数时间

和精力都用在了工作上，导致对自身健康状况的忽略，从而造成亚健康状态。旅游可以让人放松心身。

亚健康状态是介于健康与疾病之间的“中介状态”，专家指出，外出旅游是治疗亚健康较好的方法之一。旅游能使人脱离造成抑郁的恶劣生活环境，使人获得心理学上所谓“移情易性”的效果。在旅游生活环境中，人的注意力不得不放在那应接不暇的车船、山川、都市和陌生的人际交往上。五光十色的旅游生活将使人忘掉那些不愉快的事，尽情地宣泄胸中的积郁，感到身上轻松愉快。在自然界中，奇峰峻岭、流泉飞瀑、葱郁的森林和广阔的草原等，能使人不由自主地开阔胸怀，产生无限的美的感受。愉快的美感是心理平衡的绝佳境界，使不佳的心情趋于平静。

10.心理咨询的运用

心理咨询，简单地说是对咨询者在心理方面给予帮助、劝告、指导的过程。

在一些发达国家，人们一旦遇到心理障碍，就会去看心理医师，甚至连心理医师也要去心理门诊寻求帮助。具有一定社会地位的人，大都有固定的私人心理医师，他们感到自己心绪不佳时，就会看心理医师，从而尽快摆脱这种情绪，以免“传染”给雇员和家人。莫斯科有个社会心理救援服务站，专门帮助抑郁不乐而又无力自拔者摆脱困境。信任电话是他们的服务项目之一，通过电话交谈，抑制心情抑郁者向情绪冲突的极端发展，教他们正确思维和摆脱抑郁的有效方法。这种电话服务目前已遍布世界各地。它首创于美国纽约，随后英国出现了乐善好施者电话服务，澳大利亚建立了对厌世者的医疗救助组织，匈牙利给类似的组织取名为“生命”。在瑞士还有一种暴力心理热线。这些热线都由司法机构主办，经费来源于国家拨款和热心人士赞助。妇女受到威胁可以打电话求助，律师还可以帮助其免费打官司，同时还为她们的吃住以及安全提供保障。无论他们的服务侧重于哪一方面,他们的目的都是一致的,那就是有效地治疗各种心理疾病。在我国的各大医疗机构及学校,大的公司、企业等也都设立了心理咨询机构,人们对心理咨询的认识有了明显的提高。

心理健康与否没有非常清楚的界限,而是一个连续的过程。广大的亚健康人群正是处在心理健康与心理疾病的中间状态,因此适当的心理咨询对亚健康人群的心理状态走向十分关键。目前,心理咨询的方式主要有门诊、信件、电话、专栏和现场咨询等。临床心理咨询已成为继药物、手术、理疗以后的第四大治疗疾病和临床干预的手段,越来越多地被广大的临床医护人员所接受。其服务和分支机构非常详尽,并且日趋完善,使人们能够得到满意的心理咨询服务,解决心理问题。

11.常用的心理治疗方法

常用的心理治疗方法有精神分析论者的暗示治疗和催眠治疗,行为主义理论的放松治疗、行为治疗和生物反馈治疗。森田疗法是当今较为有效的治疗神经症的方法。亚健康人群的心理不健康程度处于中间状态,对心理治疗方法的选择,主张采用行为主义的放松治疗、生物反馈疗法以及森田疗法等。

(1)生物反馈疗法

生物反馈疗法是利用现代生理科学仪器,通过人体生理或病理信息的自身反馈,使患者经过特殊训练后,进行有意识的意念控制和心理训练,从而消除病理过程,恢复身心健康的新型心理治疗方法。反馈是指一个系统的输出信号,重新返回本系统,对本系统功能起增减作用的现象。运用生物反馈疗法治疗心理疾病,就是把求治者体内的生理功能用现代电子仪器予以描记并转换为声、光等反馈信号,使求治者根据反馈信号,学习调节自己体内不遂意的内脏功能及其他躯体功能,达到防治身心疾病的目的。由于此疗法训练目的明确,指标精确,因而求治者无任何痛苦和副作用。据国内有关报道证实,生物反馈疗法对多种与社会心理应激有关的身心疾病都有较好的疗效。

生物反馈疗法的治疗步骤:

①在非常安静、光线柔和、温度为 26℃左右的治疗室内,求治者坐在一张有扶手的靠椅、沙发或是躺在呈 45°角的躺椅上,松解紧束的领扣、腰带,换穿拖鞋或便鞋,双腿不要交叉,以免受压。软垫宽椅使之感觉舒服,头后有依托物更好。

②第一次治疗与以后每次治疗前的 5 分钟,记录安装电极所获基线数据或检查亚健康者家庭作业所获成绩。

③训练求治者收缩与放松前臂肌肉,训练其面部肌肉活动,令病人抬额、皱眉、咬牙、张嘴,然后一一放松。告诉亚健康者观察肌肉表面电位微伏器上指针变化及其转动方向,与此同时,倾听反馈音调变化并理解其信号的含义。

④给亚健康者增加精神负荷,如连续计算 100-7、100-8、100-9,直到 100-100。回忆惊险和痛苦的经历,观察肌电、皮肤电导、指端皮肤湿度、脉搏、血压等的变化,找到最敏感的反应指标,作为下一步训练的选择指标。在精神负荷下无显著变化且以后训练中也无法判定疗效的生物反应指标不宜选择。

⑤全身肌肉放松程序。根据雅可布松(Jacobson)方法,依次为上肢,下肢,躯干(腹部、腰部、肩背部),颈部,面部肌肉。首先做收缩与放松交替的练习,最后做全身肌肉放松练习。

⑥呼吸要求自然、缓慢、均匀。请受试者设想鼻孔下面有兔子,呼吸不能吹动兔毛。

⑦尽量保持头脑清静,排除杂念,不考虑任何问题,使自己处于旁观者的地位,观察头脑中自发地涌现什么思想,出现什么情绪,这叫作被动

集中注意。如果无法排除杂念,可以在每次呼吸时,反复数简单数字,如1、2,或者默念“我的胳膊和腿部很重,很温暖”,达到自我暗示作用。此时也可以想象躺在有温暖阳光的海滩或乡村草地上,由施治者描述视觉景象及鸟语、涛声与温暖感觉。效果好的可以达到思维停止,万念俱寂。亚健康者可以打盹,但应避免完全入睡。

⑧施治者要注意调节反馈信号,调节阳性强化的阈值,阈值上下的两种信息用红、绿灯光或不同频率的音调反馈,务使阈值调整恰当,使亚健康者获得自控生物指标的阳性信号占70%,阴性信号占30%左右。当阳性信号达90%以上甚至100%时,即提高阈值的标准要求;当阳性信号只在50%左右时,要降低阈值标准的要求,使训练循序渐进。每次练习完毕,指出亚健康者所获成绩,布置家庭作业并提出下次实验室练习任务。例如,额肌松弛的表面肌电指标,由开始治疗的5微伏,通过每次练习,达到4.5、4、3.8微伏、3.4微伏等。每次练习20~30分钟,反馈信息亦可中途关闭,只在开始与结束时检查肌电指标。每次治疗结束后,让亚健康者做几次肢体屈伸运动,使亚健康者感到轻松愉快后再离开治疗室。

⑨在没有仪器监测的情况下,要求亚健康者每日做家庭作业,比较方便时(如中午、晚上睡觉前或清晨)则自己练习,每次10~30分钟,每日1~2次,并持之以恒。

⑩1个疗程(10次左右)后,可以每周2次,其余5天都在自己家里练习,也可在开始治疗时每周4次,以后每周10次,巩固疗效(施治者随访疗效),持续3个月到半年。

如果通过多次练习,每种反馈性生物反应指标并无明显变动,应该与亚健康者交谈是否已了解练习的目的与方法;如果不是理解与技术上的问题,应该考虑另择反馈性生物指标。还有一种情况是通过治疗,生物反应指标有明显变动,自我调节良好,但临床症状仍无明显改善。例如,肌

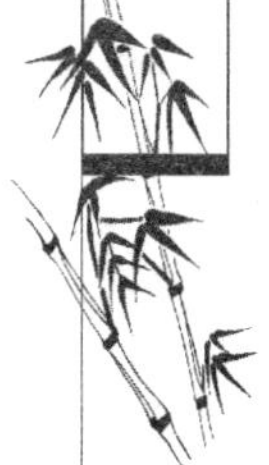

肉松弛甚好,而焦虑依然如故,这样也可另择其他生物性指标进行训练,或改用其他治疗方法。但应注意有求全责备性格的亚健康者、对现实生活有许多不满或歉疚的亚健康者,以及对疗效的低估,这些情况并非治疗实际无效。

治疗前、治疗过程中与治疗结束后,由观察者填写记录单,亚健康者自填症状变化量表,这样可作出对比,确定有无疗效。

生物反馈疗法的适应症状及注意事项:

适应症状:

①神经系统功能性病变与某些器质性病变所引起的局部肌肉痉挛、抽动、不全麻痹,如嚼肌痉挛、痉挛性斜颈、磨牙、面肌抽动与瘫痪、口吃、职业性肌痉挛、遗尿症、大便失禁等。

②焦虑症、恐惧症及与精神紧张有关的一些心身疾病。

③紧张性头痛。

④高血压,心律失常。

⑤偏头痛。

⑥其他,如消化性溃疡、哮喘病、性功能障碍等。

使用注意事项:

①治疗的主要目的是让躯体肌肉放松及精神状态放松,即顺其自然,从而解除亚健康者习以为常的警觉过度与反应过度的心身状态。

②心理要求处于此时此地的状态,既不对过去念念不忘,也不对将来忧心忡忡,不要把思维集中在解决任何现实性问题上,而应任其无意识地自由飘浮。

③松弛状态下可能出现一些暂时性的躯体感觉,如四肢沉重感、刺痛感、各种分泌的增加、精神不振、飘浮感等,应事先告知求治者,以免引起求治者不必要的恐慌和焦虑。

(2)森田疗法(见下图)

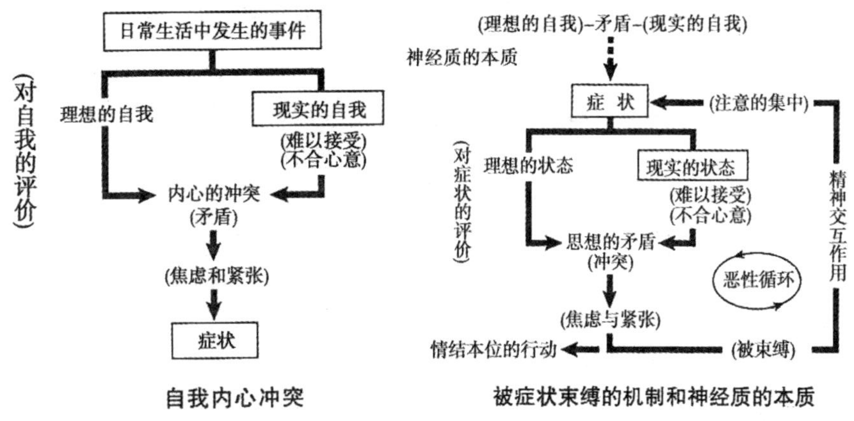

自我内心冲突　　被症状束缚的机制和神经质的本质

森田疗法(Morita therapy)由日本慈惠会医科大学森田正马教授于1920年创立,是一种顺其自然、为所欲为的心理治疗方法。森田疗法主要适用于治疗神经症、自主神经失调等心身疾病。几十年来,经过森田的后继者的不断发展和完善,该疗法已经成为一种带有明显的东方色彩,并被国际公认的、有效的、实用的心理疗法。

“顺其自然”理论——

森田认为,要达到治疗目的,说理是徒劳的。正如从道理上认识到没有鬼,但夜间走过坟地时仍然感到恐惧一样,单靠理智上的理解是不行的,只有在感情上实际体验到才能有所改变。而人的情感变化有它的规律,注意力越集中,情感就越加强;听其自然不予理睬,情感反而逐渐消退;在同一感觉下习惯了,情感即变得迟钝;对亚健康者的苦闷、烦恼情绪不加劝慰,任其发展到顶点,亚健康者也就不再感到苦闷烦恼了。因此,要求亚健康者对症状首先要承认,不必强求改变,要顺其自然。

什么叫顺其自然呢?森田把它看作是相当于佛禅的“顿悟”状态。所谓“顿悟”,就是让亚健康者认识并体验到自己在自然界的位置,体验到对超越自己控制能力的平常的事看得很严重而产生抗拒之心,结果就使自己陷入神经质的漩涡。因此，要改变这种状况就需要使亚健康者认识情感活动的规律，接受自己的情感，不去压抑和排斥它，让其自生自灭，并通过自己的不断努力，培养积极健康的情感体验。

①要认清精神活动的规律，接受自身可能出现的各种想法和观念

神经质亚健康者常常主观地认为，自己对某件事物只能有某种想法而不能有另一种想法，如果有了另一种想法就是不正常或者不道德的，即极端的完善欲造成了强烈的劣等感。要改变这一点，就得接受人非圣贤这一事实，接受我们每个人都有可能存在邪念、嫉妒、狭隘之心的事实，认识到这是人的精神活动中必然会出现的事情，是一个靠理智和意志不能改变和决定的。是否去做不理智的事情，却是一个人完全可以决定的。因此，不必去对抗自己的想法，而需注意自己所采取的行动。同时，还要认清精神抵抗作用，从心理上放弃对对立观念的抗拒，认识到人有对生的欲望和对死的恐惧两种相互对立的心理现象，并接受这种心理现象，而不必为出现死亡的害怕而恐惧不安，也不必摒除这些令人恐惧的念头，使自己陷入激烈的精神冲突之中。

②要认清症状形成和发展的规律，接受出现的症状。

神经质患者原本无任何身心异常，只是因为他们存在疑病素质，将某种原本正常的感觉看成是异常的，想排斥和控制这种感觉，使注意固定在这种感觉上，造成注意和感觉相互加强的作用，即形成精神交互作用。这是一种恶性循环，是形成症状并使之继续的主要原因。认清这一点，对自己的症状采取接受态度，一方面不会强化对症状的主观感觉，另一方面，因为不再排斥这种感觉，而逐渐使自己的注意不再固定于症状之上，从而以这样的方式打破精神交互作用，使症状得以减轻直至消除。比如，患者对人恐惧，见人脸红，越怕脸红，就越注意自己的表情，越注意就越紧张，反而使自己脸红的感觉持续下去；相反，接受脸红的症状，带着“脸红就脸

红”的态度去与人交往,会使自己不再注意这种感觉,从而使脸红的反应慢慢消退。

③要认清主客观之间的关系,接受事物的客观规律。

人患神经症,疑病素质是症状形成的基础,精神交互作用是症状形成的原因,而其根源在于人的思想矛盾。这一思想矛盾的特征就是以主观想象代替客观事实,以“理应如此”限定自身的思想、情感和行为。森田指出:“人究竟如何破除思想矛盾呢?一言以蔽之,应该放弃徒劳的人为决策,服从自然。想依靠人为的办法,任意支配自己的情感,就如同要使鸡毛上天、河水断流一样,不仅不能如愿,反而徒增烦恼。此皆力所不能及之事,而强为之,当然痛苦难忍。然而,何谓自然?夏热冬寒乃自然规律,要想使夏不热、冬不寒,悖其道而行之则是人为的决策;按照自然规律,服从、忍受,就是顺应自然。”针对思想矛盾,森田提出了“事实唯真”的观点,意即“事实即是真理”,并以此作为座右铭。他说:“吾人不要把情绪或想象,误认为事实来欺骗自己。因为不论你是否同意,事实是不可动摇的。事实就是事实,所以人必须承认事实。认清自己的精神实质,就是自觉;如实地确认外界,就是真理。”只有使自己的主观思想符合客观事物的规律,人才能跳出思想矛盾的怪圈。

“为所当为”理论——

森田疗法把与人相关的事物划分为可控制的事物和不可控制的事物两大类。所谓“可控制的事物”是指个人通过自己的主观意志可以调控、改变的事物“不可控制的事物”是指个人主观意志不能调控、改变的事物。

森田疗法要求神经症患者通过治疗,学习顺应自然的态度,不去控制不可控制之事,如人的情感;但还是要注意控制那些可以控制之事,如人的行动,即“为所当为”。“为所当为”是在顺应自然的态度指导下的行动,是对顺应自然治疗原则的充实。

①忍受痛苦,为所当为。

森田疗法认为,改变患者的症状,一方面要对症状采取顺应自然的态度,另一方面还要随着本来有的生的欲望,去做应该做的事情。通常症状不会即刻消失,在症状仍然存在的情况下,尽管感觉痛苦,也要接受,把注意力及能量投向自己生活中有确定意义且能见成效的事情上,努力做应做之事。把注意力集中在行动上,任凭症状起伏,都有助于打破精神交互作用,逐步建立起从症状中解脱出来的信心。例如,对人恐惧的人,不敢见人,见人就感到极度恐惧。森田疗法要求其带着症状生活,害怕见人没关系,但该见的人还是要见,带着恐惧与人交往,注意自己要做什么,而这样患者就会发现,原来想方设法要消除症状,想等症状不存在了再与人接触,其实是不必要的,过去为此苦恼,认为不能做,是因为老在想而不去做。而"为所当为"要求患者该做什么马上就去做,尽管痛苦也要坚持,这样就打破了过去那种精神束缚行动的模式。

②面对现实,陶冶性格。

森田疗法的专家高武良久指出,人的行动一般会影响其性格。不可否认,一定的性格又会指导其作出一定的事情,仅仅看到这一方面,是一个片面性的认识。我们不能忘记"我们的行动会造就我们的性格"这一客观事实。这一点,才是神经质性格能得到陶冶的根本理由。

神经质患者的精神冲突,往往停留在患者的主观世界之中,他们对引起自己恐惧不安的事物想了又想、斗了又斗,在实际生活中,对引起其痛苦的事物却采取了一种逃避和敷衍的态度。事实上,单凭个人主观意志的努力是无法摆脱神经质症状的苦恼的,只有通过实际行动才会使思维变得更加实际和深刻。实际行动才是提高对现实生活的适应能力的最直接的催化剂。对此,高武良久举例说,要学会游泳,不跳入水中就永远也学不会游泳，即使完全不会游泳，跳入水中也是完全可以做到的，然后再逐步学习必要的技术。与此道理相同，神经质患者无论怎么痛苦，也会在别人的指导下作出实际行动，这样就可以在不知不觉中得到自信的体验。要想见人不再感到恐惧，只有坚持与人接触，在实际接触中采用顺其自然的态度，使恐惧感下降，逐步获得自信。前面已经谈到，"为所当为"有助于使症状得到改善，其中很重要的一点，就是在实际生活中将精神能量引向外部，注意自己所做的事情，这就减少了指向自己身心内部的精神能量。而与外部世界的实际接触，又有助于患者认识自身症状的主观虚构性，这一过程实际上是使内向型性格产生某种改变的过程。

在顺应自然的态度指导下的"为所当为"有助于陶冶神经质性格。这种陶冶并非彻底改变，而是对神经质性格的不良部分进行摒弃，即发扬神经质性格中的长处——认真、勤奋、富有责任感等，摒弃神经质性格中的致病之处——极端的内省及完善欲。

(3)行为疗法

行为疗法亦称矫正疗法。此疗法源于行为主义理论，并运用行为主义方法进行咨询和治疗。俄国著名生理学家巴甫洛夫(1849—1936年)的条件反射理论及其发现的条件反射作用现象，美国著名心理学家和行为主义理论创始人华生(1878—1958年)的模拟恐怖实验，美国著名心理学家斯金纳(1904—1990年)的操作条件反射理论，被概称为"行为理论"。行为理论认为，只有根据一个人的外显行为才能决定此人是正常的还是异常的，若外显行为不正常，则此人就是异常的。所有的行为都是通过学习获得的。咨询人员可以通过对个体再训练(再教育或重新建立条件反射)的方法(即教他对周围环境中的刺激作新的适宜反应)和在某些方面改变他的环境的办法，把他不正常的行为变为正常的行为。这就是行为疗法的基本原理。

常用的行为疗法有以下几种：

①系统脱敏法。

系统脱敏法又称为"交互抑制法",它依据的原理是对抗性条件作用。它应用经典性条件反射原理,逐步地使正常反应加强,使不正常的反应消失,从而达到行为矫正的目的。也就是让患者分步骤地接触引起他敏感反应(如恐惧、焦虑、厌恶等)的事或物,由反应程度重的事或物逐步过渡到反应程度轻的事或物,使他逐渐习惯而消除敏感。此法常用于治疗恐惧症、焦虑症等。另一种脱敏法是冲击疗法,又名"暴露疗法""满灌法",即让患者直接接触敏感的事物,并促其坚持,从而使其达到脱敏的目的。

②厌恶疗法。

厌恶疗法又称为"处罚消除法"。此法也是根据巴甫洛夫的经典条件反射原理发展起来的。咨询者帮助咨询对象将要消除的行为或症状同某种使之厌恶的或处罚性的刺激结合起来,通过厌恶性条件反射,达到消除或减少不良行为的目的。此法适用于戒烟、戒酒或药物成瘾,以及矫正性变态、强迫症和某些其他不良行为。

③条件操作法。

条件操作法又称为"奖励强化法"。这是根据斯金纳的操作条件反射原理设计出来的,目的是通过强化(即奖励)使患者形成某种被期望出现的良好行为。当患者出现某种预期的良好行为表现时,马上给予奖励,从而使该行为得到强化。此法常用来纠正不良习惯,对行为障碍有疗效。

④模仿法。

模仿法又称为"示范法""观摩法"。这是根据美国心理学家班杜拉的社会学理论创立发展起来的。社会学理论认为,人有许多复杂的行为是不可能通过经典条件反射和操作条件反射的作用来简单地加以控制或改变的,必须通过观摩、示范或学习、模仿才能获得。人们常说的"近朱者赤,近墨者黑”就是这个道理。根据社会学理论,咨询者可以设计一些程序,使咨询对象有机会通过模仿、学习获得新的行为反应,或用适当的行为取代不适当的行为。

应用行为疗法,对治疗亚健康中的某些心理疾患具有良好效果,如强迫症、焦虑症、抑郁症等。

(4)精神疗法

精神疗法又称“心理治疗”,就是利用心理学的理论知识和技巧,通过各种方法,应用语言和非语言的交流方式,影响对方的心理状态,改变其不正确的认知活动、情绪障碍,解决其心理上的矛盾,达到治疗疾病目的的一种治疗方法。

英国心理学家艾森克归纳了心理治疗的几个主要特征:

①心理治疗针对的是两个人或多人之间的持续的人际关系。

②参与心理治疗的其中一方,要具有特殊经验并接受过专业训练。

③心理治疗的其中一个或多个参与者,是因为对他们的情绪或人际适应、感觉不满意而加入这种关系的。

④在心理治疗过程中应用的主要方法实际上是心理学原理,包括沟通、暗示以及说明等机制。

⑤心理治疗的程序,是根据心理障碍的一般理论技术和求治者的障碍的特殊起因建立起来的。

⑥心理治疗的目的就是改善求治者的心理困难,而求治者是因为自己存在心理困难才来寻求施治者的帮助的。

第四章 彻底和亚健康说拜拜

第一节 教师健康的外部指标

随着时代和社会的发展,健康已经成为人们最为关心的话题之一。拥有一个健康的身体是成就一切事业的基石,也是享受幸福生活最根本的保障。

教师是众多行业中的一种,有着与众不同的特性,教师的健康不仅是个人的问题,还关系到教学、学生的发展以及教育的发展和教育质量的提高。现代教育不仅需要一支高素质的教师队伍,而且需要一支健康的教师队伍。颈椎腰椎痛、颈源性头疼、静脉曲张、咽喉炎、肠胃炎、痔疮等疾病已经成为教师健康的职业杀手,教师的健康问题也越来越普遍。在日常生活中教师可以通过哪些要素来判断自身是否拥有一个健康的身体呢?这就涉及健康的指标,而健康指标又分为外部指标和内部指标两种。

健康外部指标,也就是指人的身体形态等外在特征的指标,包括人的身高与体重的关系、呼吸、脉搏、血压、体温、睡眠等。这些外部指标检测起来比较方便,也能够反映人体的一些健康状况。认真地了解健康外部指标，是我们确认自己是否健康、预防疾病侵害的重要环节。

一、身高与体重关系的健康指标对照

今天，人们常常把人的身高和体重分开来看，认为身高越高越好，体重越轻越好。实际上，身高与体重是存在一定的比例关系的。一个健康的、正常的人，他的身高与体重的比例一定会在正常数值范围内，如果按照现在一些人的理想，一个身高 180 厘米的人体重只有 50 公斤，那么这个人很可能是不健康的。

下面是通过身高计算体重的公式：

男性标准体重(kg)=［身高(cm)−80］×70%

女性标准体重(kg)=［身高(cm)−102］×60%

体重指数(BMI)=体重(kg)/身高(m)的平方

其中，如果采用体重指数检查自己身高与体重的指标，可以对照下面的表格：

BMI 分类	BMI(kg/m^2)	发病危险
体重过轻	<18.5	高(非肥胖相关疾病)
正常范围	18.5~23.9	平均水平
超重	>24	
肥胖前期	24~27.9	增高
Ⅰ度肥胖	28~30	中等
Ⅱ 度肥胖	30~39.9	严重
Ⅲ 度肥胖	≥40	极为严重

用这些公式，我们可以计算出自己的标准体重是多少，然后跟自己的实际体重做一下比较，看看自己是偏胖还是偏瘦。

我们也可以直接对照下面的表格看看自己的身高与体重的比例是否正常。

男子身高与体重关系的正常指标对照表

正常体重		身高									
		152	156	160	164	168	172	176	180	184	188
年龄	19	50	52	52	54	56	58	61	64	67	70
	21	51	53	54	55	57	60	62	65	69	72
	23	52	53	55	56	58	60	63	66	70	73
	25	52	54	55	57	59	61	63	67	71	74
	27	52	54	55	57	59	61	64	67	71	74
	29	53	55	56	57	59	61	64	67	71	74
	31	53	55	56	58	60	62	65	68	72	75
	33	54	56	57	58	60	63	65	68	72	75
	35	54	56	57	59	61	63	66	69	73	76
	37	55	56	58	59	61	63	66	69	73	76
	39	55	57	58	60	61	64	66	70	74	77
	41	55	57	58	60	62	64	67	70	74	77
	43	56	57	58	60	62	64	67	70	74	77
	45	56	57	59	60	62	64	67	70	74	77
	47	56	58	59	61	63	65	67	71	75	78
	49	56	58	59	61	63	65	68	71	75	78
	51	57	58	59	61	63	65	68	71	75	78
	53	57	58	59	61	63	65	68	71	75	78
	55	56	58	59	61	63	65	68	71	75	78
	57	56	57	59	60	62	65	67	70	74	77

（续表）

正常体重		身高									
		152	156	160	164	168	172	176	180	184	188
年龄	59	56	57	58	60	62	64	67	70	74	77
	61	56	57	58	60	62	64	67	70	74	77
	63	56	57	58	60	62	64	67	70	74	77
	65	56	57	58	60	62	64	67	70	74	77
	67	56	57	58	60	62	64	67	70	74	77
	69	56	57	58	60	62	64	67	70	74	77

女子身高与体重关系的正常指标对照表

正常体重		身高									
		152	156	160	164	168	172	176	180	184	188
年龄	19	50	52	52	54	56	58	61	64	67	70
	21	51	53	54	55	57	60	62	65	69	72
	23	52	53	55	56	58	60	63	66	70	73
	25	52	54	55	57	59	61	63	67	71	74
	27	52	54	55	57	59	61	64	67	71	74
	29	53	55	56	57	59	61	64	67	71	74
	31	53	55	56	58	60	62	65	68	72	75
	33	54	56	57	58	60	63	65	68	72	75
	35	54	56	57	59	61	63	66	69	73	76
	37	55	56	58	59	61	63	66	69	73	76
	39	55	57	58	60	61	64	66	70	74	77
	41	55	57	58	60	62	64	67	70	74	77
	43	56	57	58	60	62	64	67	70	74	77
	45	56	57	59	60	62	64	67	70	74	77

（续表）

正常体重		身高									
		152	156	160	164	168	172	176	180	184	188
年龄	47	56	58	59	61	63	65	67	71	75	78
	49	56	58	59	61	63	65	68	71	75	78
	51	57	58	59	61	63	65	68	71	75	78
	53	57	58	59	61	63	65	68	71	75	78
	55	56	58	59	61	63	65	68	71	75	78
	57	56	57	59	60	62	65	67	70	74	77
	59	56	57	58	60	62	64	67	70	74	77
	61	56	57	58	60	62	64	67	70	74	77
	63	56	57	58	60	62	64	67	70	74	77
	65	56	57	58	60	62	64	67	70	74	77
	67	56	57	58	60	62	64	67	70	74	77
	69	56	57	58	60	62	64	67	70	74	77

要清楚的是，无论是用公式计算出来的数值，还是表格中提供的数值，都不是绝对标准指标，而是允许在正常范围内变动。而且，有些人由于受到遗传因素的影响，身高与体重的比例与正常指标差距很大，但身体仍然是健康的。

二、呼吸、脉搏、体温和血压的健康指标

正常情况下，人的呼吸与脉搏是存在着一定联系的。

正常成人呼吸的频率应为16～20 次/分，呼吸与脉搏之比约为 1∶4，而体温与脉搏的正常关系应为：体温每升高 1℃，脉搏增加10～20 次/分。

脉搏也称心率，它是心脏的节律性收缩和舒张，是大动脉内的压力变化引起四肢血管壁扩张和收缩的一种搏动现象。正常人的脉搏频率和心

跳频率是一样的，而且节律均匀，间隔相等。正常人在运动后、饭后、酒后、精神紧张及兴奋时，脉搏均会加快，但很快可以恢复到正常水平。长期进行体育锻炼的人和运动员的脉搏较慢。正常人安静时的脉搏在60~100次/分。脉搏是了解人体心血管系统功能的简易可行的指标，对早期发现人体心血管疾病具有一定的现实意义。

脉搏

心脏每次跳动时，都能将血液泵出并使之沿动脉流动。血液渡过时引起动脉收缩和舒张，从而产生波动效应，每次波动都称作一次脉搏。计算每分钟的脉搏次数，是测量心率的简易方法。如果动脉分布于皮肤表层，且紧挨着骨或其他坚硬的组织(如肌腱)，我们就可以用指尖轻压皮肤以测到脉搏。最容易感觉到脉搏的部位是腕部。人体运动越剧烈，心脏将血液泵入动脉的速度就越快，脉搏的速率也就越快。

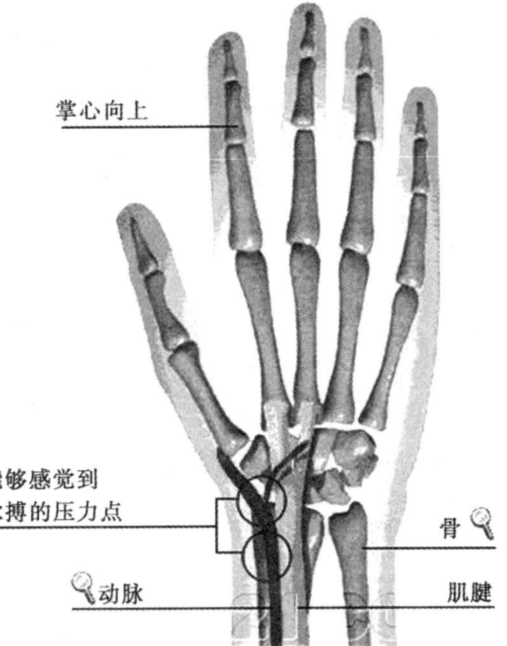

测量脉搏

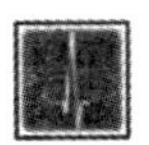
测量心率

人们平时所说的脉搏实际是指脉率，即每分钟脉搏搏动的次数。正常成人男性脉搏应为60~80次/分，女性应为70~90次/分。正常情况下，脉率和心率是一致的，当脉率微弱难以测得时，应测心率。

脉搏的正常指标中也应该包括脉律的情况。脉律即脉搏的节律性。正常脉搏的节律是有规则、均匀的搏动，间隔时间相等，在一定程度上反映了心脏的功能。

人体体温的正常指标，口温应在36.3℃~37.2℃，肛温比口温高

0.3℃～0.5℃，腋下温度比口温低0.2℃～0.5℃。

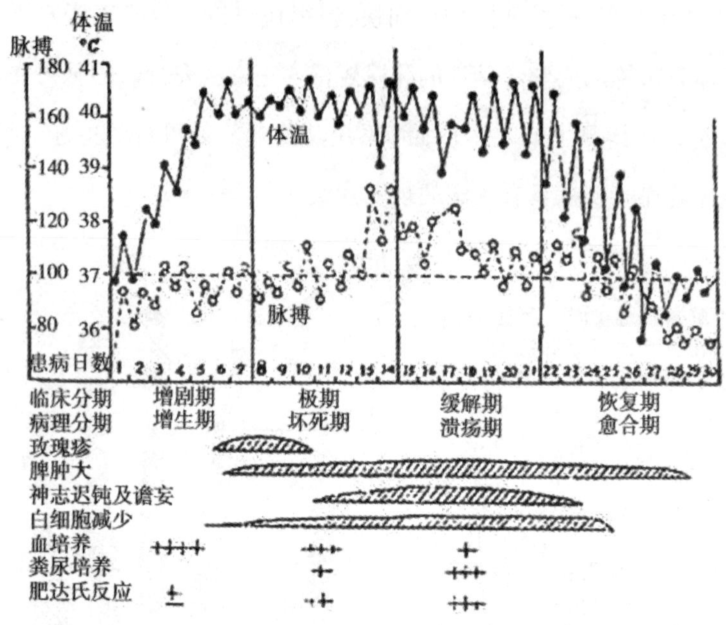

人的体温不是一成不变的，正常人的体温昼夜一般相差1℃以内，早晨较低，中午到晚间较高；小儿体温略高，老年人稍低；饭后及劳动后体温可能略高。体温升高如达到37.4℃～38℃之间，一般称为低热；如升高到39℃以上则称为高热。

血压是指心脏收缩时血液流经动脉管腔对管壁产生的侧压力，是心室射血和外周阻力共同作用的结果。心率、心输出量、血管的外周阻力和动脉弹性等因素都与血压的变化有密切关系。一般收缩压主要反映心脏每次搏动输出血量的多少，舒张压主要反映外周阻力的大小。血压是检查和评价心血管系统功能的重要指标。血压过低或过高都会给机体带来严重影响。血压维持在正常范围内，对于保证全身各器官系统功能具有十分重要的意义。因此血压是评价成年人体质状况和衡量成年人健康水平的一个重要指标。

正常成人血压为12～18.7/8～12 kPa（即90～140/60～90 mmHg）。两

侧肢体血压可差 10 mmHg 左右。人体正常血压最高值为:40 岁以下小于 18.7/12.0 kPa;40 岁以上,每增加 10 岁,收缩压正常标准可增高 1.3 kPa,而舒张压正常标准不变;正常成人脉压差为 5.3~6.7 kPa。

同许多健康指标一样,血压也会随着人的年龄的变化而变化。想知道各年龄段的血压正常指标,可以参考下面的表格:

中国人正常血压的平均值

年龄(岁)	收缩压		舒张压	
	男性	女性	男性	女性
11~15	13.3(100.0)	12.8(96.0)	8.2(62.0)	8.0(60.0)
16~20	13.8(104.0)	13.0(98.0)	8.5(64.0)	8.1(61.0)
21~25	14.0(106.0)	13.3(100.0)	8.8(66.0)	8.4(63.0)
26~30	14.4(108.0)	13.6(102.0)	9.0(68.0)	8.5(64.0)
31~35	14.6(110.0)	14.0(106.0)	9.3(70.0)	8.8(66.0)
36~40	14.9(112.0)	14.4(108.0)	9.6(72.0)	9.0(68.0)
41~45	15.2(114.0)	14.6(110.0)	9.7(73.0)	9.2(69.0)
46~50	15.4(116.0)	14.9(112.0)	9.8(74.0)	9.3(70.0)
51~55	15.7(118.0)	15.2(114.0)	10.0(75.0)	9.4(71.0)
56~60	16.0(120.0)	15.4(116.0)	10.1(76.0)	9.6(72.0)
60 以上	16.1(120.9)	17.0(127.6)	10.9(82.0)	10.7(80.4)

三、睡眠的正常指标

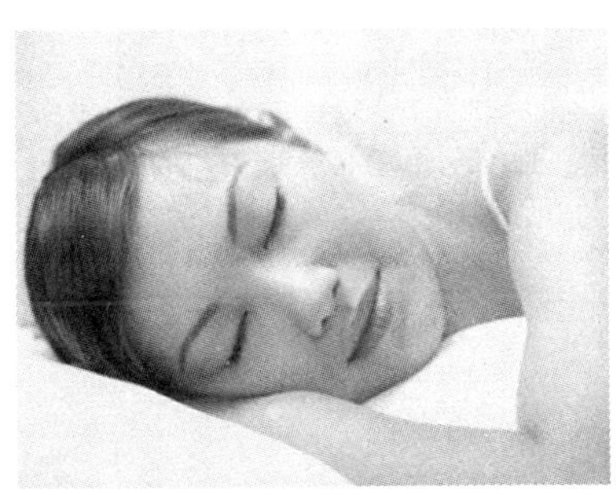

人一生中有 1/3 的时间是在睡眠中度过的。作为生命所必需的过程,睡眠是机体复原、整合和巩固记忆的重要环节,是健康不可缺少的组成部分。有调查证明:人只要 5 天不睡眠就可能会死去；人体缺乏睡眠时，会导致神疲、体倦、代谢率降低；而人如果睡眠时间过长，不仅会导致与睡眠不足同样的情况发生，心脏的跳动也会减慢，新陈代谢率也会降得很低，肌肉组织松弛下来，久而久之，人就会变得懒惰、软弱无力，甚至智力也会随之下降。

睡眠不足成为影响教师健康的根源性因素之一。教师拥有良好且充足的睡眠才能保证有更好的精力投入到教学中去，而教师的睡眠质量却严重地受到影响。教师也是人，教师也和普通人一样有自己的家庭。很多教师从早上五点钟就投入一天的工作，做早饭、送孩子上学、上班、下班、做晚饭、批改作业、备课到深夜，日日如此，年年如此。河北某中学对教师的睡眠质量做了相关调查，发现近九成教师睡眠不足，三成教师易失眠。这一状况产生的原因有很多，其中工作强度大占12%，工作压力大占11%，时间不规律占9%。

从婴儿时期到老年，人的睡眠所需要的正常时间要经历一个从长到短，再从短到长的变化过程。新生儿要睡20~22小时，两个月大的婴儿要睡18~20小时，1岁的幼儿要睡15小时，2岁幼儿要睡14小时，3~4岁的幼儿需要睡13小时，5~7岁的儿童要睡12小时，8~12岁的儿童要睡10小时，12~18岁的少年要睡9小时，成年人需要的睡眠时间最少，只要7~8小时（不宜少于6小时），60~70岁的老年人应该保持9小时睡眠，70岁以上的老人至少要睡10小时。

只要你的睡眠时间符合上面的标准，那么，你的睡眠指标就是正常的。

四、健康的其他正常外部指标

健康正常的外部指标除了上面介绍的主要几点之外，还包括许多方面。

1.身体匀称

在身高与体重适当的条件下，人的身体还要匀称，肢体健全，头、肩、臂位置协调，无残疾。

2.五官端正

人的五官要端正，眼睛明亮，视觉正常，听力正常，呼吸顺畅，牙齿整齐洁白，没有蛀牙等口腔疾病，口中无异味，吐字清晰有力，面色红润，头发有光泽，无杂色，无头皮屑。

3.皮肤、肌肉有弹性

人的皮肤、肌肉要有弹性，走路不吃力，没有皮肤疾病。

4.速度指标

速度是指人体进行快速运动的能力。影响速度的因素是多方面的，如肌肉的收缩速度、力量以及年龄、性别、体型、柔韧性及协调性等。

速度根据表现形式可以分为位移速度、动作速度、反应速度3种。

位移速度是指人体在单位时间内快速移动的能力。如：跑、游泳、速度滑冰等。

动作速度是指人体完成某一动作的快慢。如扣球时的挥臂速度，投掷时出手动作的速度，等等。

反应速度是指人体对外界刺激反应的快慢。如短跑运动员从听到枪声到起跑的时间等。

5.力量指标

力量是指肌肉抵抗阻力的能力，根据肌肉收缩的形式可以分为等张

性力量和等长性力量。

等张性(动力性)力量是指肌肉一端被固定进行收缩时产生的力量,长度缩短,而张力不变。以这种形式收缩所产生的力量,可以使身体产生明显的位移,如跑、跳、投等动作。

等长性(静力性)力量是指肌肉处于两端被固定的情况下进行收缩时产生的力量,长度不变,而张力增大。以这种形式收缩所产生的力量,可以使人体保持一定的位置和姿势,不产生位移。如体操中的支撑、平衡动作等。

6.耐力指标

耐力是指人体在尽可能长的时间内进行肌肉活动的能力。耐力也可以看作是对抗疲劳的能力,它是人体机能和心理素质的综合表现,也是评价人体机能水平和体质强弱的重要指标。

7.柔韧指标

柔韧是指关节的肌肉、肌腱、韧带等软组织的伸展能力。它通过关节活动的幅度表现出来。可分为一般柔韧素质和专门性柔韧素质。

一般柔韧素质是指机体中最主要的关节的活动幅度。如肩、膝、髋等的活动幅度。

专门性柔韧素质是指专项运动所需要的特殊的柔韧性。如武术运动中的下腰等。

因为健康的外部指标容易观察、测量,因此它是人们判断身体是否健康的重要依据。无论是先天、后天的疾病,还是人的不良生活习惯对身体的影响,大多都能通过健康外部指标反映出来。随时注意自己的身体状况,随时观察、检测自己的身体外部指标,才能更好地保持自己的健康。

几乎所有的中学都有课间操,这是中学中除了体育课之外所提供的保障学生每日进行身体锻炼的最基本的活动,但是目前全国没有几家中学设计实施专门为教师量身定做的健身操。比起学生的生活，教师除了坐在办公室里工作，绝大多数的时间都是站着，每一位教师都面对着几十甚至上百的学生，这就是导致教师颈椎痛的最直接因素。希望教师们能根据上述的健康外部指标为自己的身体做一个健康调查，看看自己存在哪些健康的隐患，及时地加以注意，避免使自己深受疾病的困扰。

第二节　教师健康的内部指标

外部的健康指标易发现，因而易控制，而健康的内部指标失常引起的发病症状具有隐性特征，在发病初期不易察觉，再加上工作繁忙，教师无暇顾及自己身体的一些小症状，等到发现时往往为时已晚。健康内部指标，就是指人体内各个系统、组织以及器官的生理数据。人体内的生理数据，主要是通过体液以及心电图等获得的。

一、体液的指标

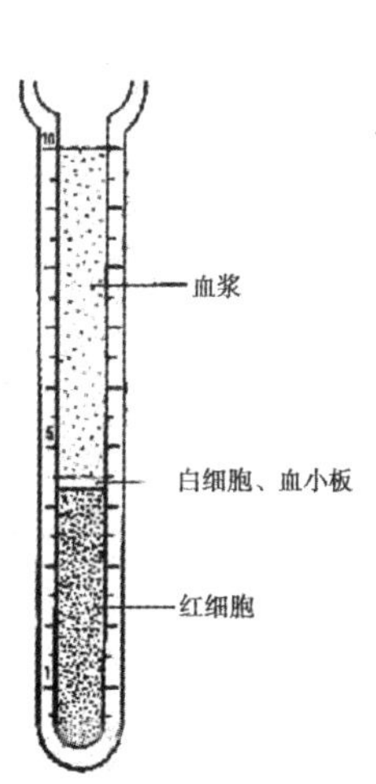

人体内含有大量的液体，统称为体液，约占人体总重量的65%以上。体液约2/3存在于细胞内部，称为细胞内液；约1/3存在于细胞外部，称为细胞外液。细胞外液又包括血浆、细胞之间的组织液（皮肤撞破后没出血，只渗出淡黄色的液体，这就是组织液），还有淋巴管内的淋巴。体内细胞就浸没在这种液体环境中。内环境就是由血浆、组织液和淋巴共同组成的，是细胞赖以生存的液体环境。内环境的化学成分和物理特性保持相对的稳定，是细胞进行正常生命活动的必要条件。

体液中,人们最熟悉的是血液,但对血液其实又不够了解。血液是流动在心脏和血管内的不透明红色液体,主要成分为血浆、血细胞和血小板3种。血细胞又分为红细胞和白细胞两种。血液中含有各种营养成分,如无机盐、氧、代谢产物、激素、酶和抗体等,有为人体组织提供营养、调节器官活动和防御有害物质的作用。人体各器官的生理和病理变化,往往会引起血液成分的改变,故患病后常常要通过验血来诊断疾病。

人体内的血液量大约是体重的7%~8%,例如体重60 kg,则血液量约为4200~4800 ml。各种原因引起的血管破裂都可能导致出血。如果失血量较少,不超过总血量的10%,则通过身体的自我调节,可以很快恢复;如果失血量较大,达总血量的20%时,则出现脉搏加快、血压下降等症状;如果在短时间内丧失的血液达全身血液的30%或更多,就可能危及生命。

与血液有关的指标有血糖、血红蛋白、血脂、血乳酸、血尿素、红细胞、白血球和血小板等。

1.血糖

血糖是指血液中的葡萄糖,它是机体能量来源的最重要物质。每个人全天的血糖含量随进食、活动等情况有所波动,但在空腹时血糖比较稳定。血糖浓度受神经系统和激素的调节保持相对稳定。当人体血糖调节系统出现异常时,就会出现高血糖或低血糖的情况。

人体血糖的正常值参考范围:

成人空腹血糖:3.9~6.1 mmol/L(70~110 mg/dl)。

餐后2小时血糖:小于7.8 mmol/L(低于140 mg/dl)。

空腹血糖≥7 mmol/L或餐后2小时血糖≥11.1 mmol/L为糖尿病。

糖尿病是造成高血糖的最常见疾病。生理性低血糖可见于饥饿时或剧烈运动后，属于正常生理现象；病理性低血糖多是由胰岛素分泌过多、垂体前叶或肾上腺皮质功能减退引起的。

2.血红蛋白

血红蛋白是红细胞中含铁的蛋白质，占细胞干重的95%左右。血红蛋白主要功能是运输氧和二氧化碳。运动时机体的需氧量增大，酸性代谢物增多，这时就需要更多的血红蛋白来增加氧的供应，并缓冲酸性代谢产物。因此血红蛋白是评定身体运动机能的指标。此外，血红蛋白数量的多少，还是评定贫血程度的重要指标。

血红蛋白是以每 100 ml 血液中的血红蛋白含量（g）为单位来测量的，我国正常成年男子约为 12～16 g，女子约为 11～15 g。

3.血脂

血脂是指血浆中的脂质浓度。血脂成分包括胆固醇、甘油三酯、高密度脂蛋白、低密度脂蛋白等。

胆固醇是血脂的成分之一，正常人体含胆固醇 2 g/kg 体重。胆固醇的含量根据饮食习惯的不同差别很大。胆固醇指标升高与动脉硬化有一定关系，在防治冠心病时对了解血脂水平有一定意义。胆固醇指标降低多见于营养不良、甲状腺机能亢进、急性感染等情况。胆固醇指标正常值的参考范围是 3.1～5.7 mmol/L（120～220 mg/dl）。

甘油三酯也是血脂的成分之一，它在人体中是处于动态平衡状态的。甘油三酯的含量可随饮食结构的变化而发生变化，波动范围很大，而且还随着年龄的增长而上升。其异常升高可见于高血脂症、动脉粥样硬化、糖尿病、脂肪肝等；它的降低多见于甲状腺机能亢进、肾上腺功能不全等疾病。甘油三酯的正常值参考范围是 0.56～1.7 mmol/L（50～150 mg/dl）。

4.血乳酸

血乳酸是评价机体代谢能力的一个重要指标，它是指血液中乳酸的含量。乳酸是糖无氧代谢的产物。它是一种有机酸,通常是肌肉在缺氧的情况下产生的。乳酸产生后迅速进入血液,当血液中乳酸增多时,血乳酸的浓度增高。血乳酸的浓度反映乳酸生成的速度和消除速度之间的平衡,用以衡量机体代谢水平。血乳酸的正常值为 0.5~1.5 mmol/L(5~15 mg/dl)。

5.血尿素

血尿素是评定人体机能状态的指标,当蛋白质和氨基酸等物质在体内分解时,氨在肝脏内转变成尿素,然后经血液循环至肾脏排出体外。其生成和排泄处于平衡状态之中,所以血尿素保持相对稳定。血尿素的正常值为 3.2~7.0mmol/L(19~42mg/dl)。运动时由于蛋白质和氨基酸的分解代谢加强,尿素生成增多,血中的血尿素含量升高。30 分钟以内的运动,血尿素变化不大,只有在超过 30 分钟的长时间的运动后,血尿素含量才会有比较明显的增加。身体对运动的量和强度的适应性越低,血尿素的指标越高。

6.红细胞(RBC)

红细胞又称红血球或红血细胞,是血液中最多的一种血细胞。红细胞中含有血红蛋白,因而血液呈红色。血红蛋白能和空气中的氧结合,因此红细胞能通过血红蛋白将吸入肺泡中的氧运送给组织,而组织中新陈代谢产生的二氧化碳也通过红细胞被运到肺部并排出体外。

红细胞的平均寿命为 120 天,每天都有一定数量的红细胞进行更新。红细胞和血红蛋白的数量减少到一定程度时,称为“贫血”。红细胞被大量破坏可引起“溶血性黄疸”。

正常人红细胞(RBC)计数:男性红细胞平均含量 4.5×10^{12}~5.5×10^{12} 个/L(450 万~550 万个/mm^3),女性红细胞平均含量 4.0×10^{12}~5.0×10^{12} 个/L(400 万~500 万个/mm^3)。

血红蛋白及红细胞增多,常见于脱水所致的血液浓缩或慢性组织缺氧等;其减少则常见于各种贫血。

7.白细胞(WBC)

白细胞又叫白血球或白血细胞,可以分为中性粒细胞、嗜酸性粒细胞、嗜碱性粒细胞、淋巴细胞和单核细胞5种。粒中性粒细胞数量最多,常穿出血管,聚集于炎症组织的周围,做变形运动,吞噬细菌。体内有炎症时,它的数量就增多。嗜酸性粒细胞数量最少。淋巴细胞与免疫有密切关系,患结核病时,淋巴细胞明显增加。单核细胞是血液中最大的细胞,变形活动非常活跃,有吞噬功能,能吞噬细菌和异物。单核细胞穿出血管到结缔组织中可以变为巨噬细胞。

正常成人白细胞(WBC)计数为 $4\sim10\times10^9/L$,新生儿为 $10\sim26\times10^9/L$,8个月至2岁婴儿为 $11\sim12\times10^9/L$。白细胞增多常见于炎性感染、出血、中毒、白血病等,其减少常见于流感、麻疹等病毒性传染病及严重败血症、药物或放射线所致的某些血液病等。

中性粒细胞正常为50%~70%,增多或减少的原因与白细胞计数相同;淋巴细胞正常为20%~40%,增多时常见于中性粒细胞减少、结核、百日咳等,其减少常见于中性粒细胞增多;嗜酸性粒细胞正常为0.5%~5%,增多见于寄生虫病、过敏性疾病及某些皮肤病;嗜碱性粒细胞正常为0%~1%,临床意义不大;单核细胞正常为1%~8%,增多时见于急性传染病恢复期。

8.血小板(PLT)

血液中还有一种非常重要的物质,那就是血小板。血小板来源于多功能造血干细胞。在正常情况下,每立方毫米血液中有10万~30万个。血小板在血液内可存活8~12天,衰老的血小板大多在网状内皮系统中破坏。血小板的主要功能是参与凝血过程,当组织受伤出血时,血小板常

成群聚集,促进血液凝固而起止血作用,当血小板减少到5万个/mm^3以下时,可以引起皮肤或黏膜出血。

血型也是应该了解的重要的健康内在指标之一。

通常所说的血型就是红细胞的血型,是根据红细胞表面的抗原特异性确定的。已知人类的红细胞有15个主要血型系统,其中最主要的是ABO血型系统,其次是Rh血型系统。

临床上最重要的是将人类血型分为A、B、AB、O4种(称为ABO血型系统)。在人类的血液里含有凝集原(一种抗原)A、B和凝集素(一种抗体)A、B。凝集原附着在红细胞表面,凝集素存在于血浆(或血清)中,同名的凝集原和凝集素相遇(如凝集原A和凝集素B)会发生红细胞凝集现象(溶血反应)。所以根据人体的血液中所含的凝集原和凝集素的类型不同,可以将血型分为A、B、AB、O4种。

血型是由遗传决定的,亲代与子代的血型关系取决于遗传因素,如:双亲都是O型,子代也是O型;双亲分别是O型和AB型,则子代为A型或B型。子代与母亲血型不合可以引起新生儿溶血病。

体液除了血液之外,还有淋巴液、唾液、胃液、尿液、精液、羊水等等,这些将在以后的章节中详细介绍。

二、心电图(ECG)

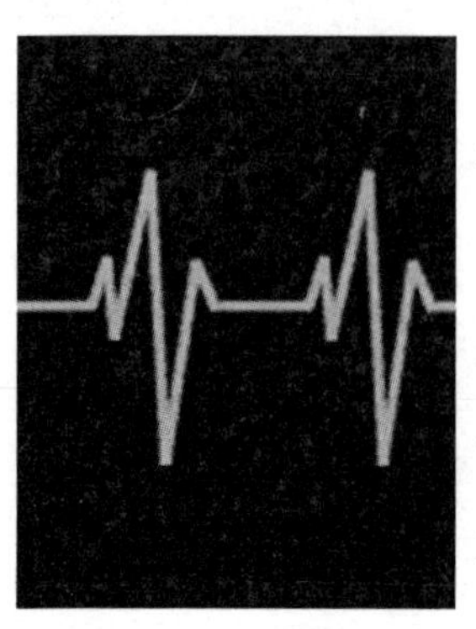

除了体液指标,心电图也是检测健康内在指标的常用指标。

在每个心动周期中,心脏起搏点、心房、心室相继兴奋,并伴随着生物电的变化。通过心电描记器从体表引出的多种形式的电位变化的图形就叫做心电图(简称ECG)。心电图是心脏兴奋的发生、传播及恢复过程的客观指标。

心电图的长处是可以从不同平面的不同角度，利用比较简单的波形、线段对复杂的立体心电向量环，就其投影加以定量和进行时程上的分析。而心电向量图学理论上的发展又进一步丰富了心电图学的内容并使之更容易理解。

典型心电图各波及其时程用标准导联引出的心电图各波，由荷兰生理学家艾因特霍芬命名为 P、Q、R、S、T 波，U 波是后来发现命名的。

P 波心脏的兴奋发源于窦房结，最先传至心房，故心电图各波中最先出现的是代表左右两心房兴奋过程的 P 波。兴奋在向两心房传播的过程中，其心电去极化的综合向量先指向左下肢，然后逐渐转向左上肢。如将各瞬间心房去极的综合向量联结起来，便形成一个代表心房去极的空间向量环，简称 P 环。P 环在各导联轴上的投影即为各导联上不同的 P 波。P 波形小而圆钝，因各导联的差异而稍有不同。P 波的宽度一般不超过 0.06~0.11 s，高度小于 0.25 mV。

P-R 段是 P 波终点 QRS 波起点之间的曲线，通常与基线同一水平。P-R 段由电活动经房室交界传向心室所产生的电位变化极弱，在体表难于记录出来。

P-R 间期是从 P 波起点到 QRS 波群起点的时间距离，代表心房开始兴奋到心室开始兴奋所需的时间，一般成人为 0.12~0.20 s，小儿稍短。超过 0.21 秒为房室传导时间延长。

QRS 复合波代表两个心室兴奋传播过程的电位变化。由窦房结发生的兴奋波经传导系统首先到达室间隔的左侧面，以后按一定路线和方向，由内层向外层依次传播。随着心室各部位先后去极化形成多个瞬间综合心电向量，在额面的导联轴上的投影，便是心电图肢体导联的 QRS 复合波。典型的 QRS 复合波包括 3 个相连的波动。第一个向下的波为 Q 波，继Q波后一个狭高向上的波为R波,与R波相连接的又一个向下的波为S波。由于这3个波紧密相连且总时间不超过0.10s,故合称QRS复合波。QRS复合波所占时间代表心室肌兴奋传播所需时间,正常人为0.06~0.10s。

ST段是由QRS波群结束到T波开始的平线,反映心室各部均在兴奋状态且处于去极化状态,故无电位差。正常时接近于等电位线,向下偏移不应超过0.05mV,向上偏移在肢体导联不超过0.1mV,在单极心前导联V1、V2、V3中可达0.2~0.3mV,在V4、V5导联中很少高于0.1mV。任何正常心前导联中,ST段下降不应低于0.05mV。偏高或降低超出上述范围,便属于异常心电图。

T波是继QRS波群后的一个波幅较低而波宽较长的电波,反映心室兴奋后的再极化过程。心室再极化的顺序与去极化过程相反,它缓慢地从外层向内层进行,在外层已去极化部分的负电位首先恢复到静息时的正电位,使外层为正、内层为负,因此与去极化时向量的方向基本相同。连接心室复极各瞬间向量所形成的轨迹,就是心室再极化心电向量环,简称T环。T环的投影即为T波。极化过程同心肌代谢有关,因而较去极化过程缓慢,占时较长。T波与S-T段同样具有重要的诊断意义。

V波是在T波后0.02~0.04s出现的宽而低的波,波高多在0.05mV以下,波宽约0.20s。一般认为V波可能由心舒张时各部产生的负电位形成,也有人认为它是浦肯野氏纤维再极化的结果。血钾不足、甲状腺功能亢进和强心药洋地黄等都会使V波加大。

第三节　中老年教师需要关注的健康指标

一、中年教师需要关注的健康指标

中年人在家要照顾父母，操心儿女；在单位是业务骨干。生活、工作压力加上饮食不当和缺少锻炼，必然使得身体状况下降。

许多教师在教育战线兢兢业业干了大半辈子，与其他行业所取得的事业成就不同的是，教师的收获多是精神上和荣誉上的，这就是教师为什么被誉为“塑造人类灵魂的工程师”。但人们只看到了教师的荣誉，却忽略了教师作为一个正常人所面对的超乎常人的来自社会、学校、家庭的压力，正是这些压力使得那些人到中年的教师人未老，心先衰。

人到中年，由旺盛期步入衰老期，机体各组织器官的功能逐渐衰退。从 30 岁开始，各项生理机能以每年 0.7%～1%的速度下降。心血管系统输血能力每年下降 0.7%，这容易导致冠心病、高血压等心脑血管疾病；而肌肉组织细胞每年减少 3%～4%。中年人由于缺乏运动，代谢功能降低，身体发胖，因而患糖尿病的机会比正常人高 7 倍，患高血压、高血脂的机会比正常人高 8 倍，患心脏病的机会比正常人高 50%。

此外，30～60 岁期间，在人体各组织器官功能下降的同时，体内和皮下脂肪都会逐年增多。这就为中年人，制造了诱发各种疾病的可能。因此，作为一个正担负着家庭与社会责任的中年人尤其是作为学校中流砥柱的教师，必须要对自己的健康负责，时刻关注身体的各项指标。

1.中年教师必须关注体重指标

随着年龄的增长,体重逐渐增加,年龄趋近中年的人群不应将这种情况看作正常现象。早期研究发现:体重每增加0.91 kg,人体就会在未来10年增加7%左右患糖尿病的几率;而每增加1寸腰围,在未来10年内患上此类疾病的几率也会增加20%。

此外,研究还发现,体重增加还将增加关节的负荷。一个标准体重的年轻人突然发胖后,他就拥有了比原来多3倍的几率患上骨关节炎。超重所带来的最可怕的后果是,它将导致结肠癌和女性绝经后的乳腺疾病等数类癌症的发生。在成人期,增加20.41 kg左右的体重将会使患上这种乳腺疾病的几率增加两倍,而小于20.41 kg的体重增加则会导致患上该病的风险增加20%。对于那些暂时脱离乳腺癌症的病人来讲,体重的上升无异于帮助旧病复发。研究显示,对这类病人来讲,体重增加在7.71 kg之内,死亡率也将从35%提升到64%。

BMI是指体重的指数,与体脂肪率密切相关,而且在国际上被广泛应用,因此有专家提议把BMI统一为肥胖的判定基准。据统计,BMI值为22时,人的患病率最低。因此,现在人们常以此值作为评定健康的标准。

BMI=体重(kg)/身高(m)的平方

标准体重(kg)=身高(m)的平方×22

肥胖度(%)=(现在的体重/标准体重-1)×100

	偏瘦	标准	偏胖	肥胖
BMI值	20以下	20~24	24~26.5	26.5以上
肥胖度	-10 %以下	-10 %至+10 %	+10 %至+20 %	+20 %以上

2.中年人必须关注血压指标

血压是人的生理指数,正常人的血压应当保持在一个正常的数值范围内。收缩压(人们常说的“高压”)不高于16.0kPa,舒张压(人们常说的“低压”)不高于10.7kPa,这是人的理想血压范围。医学家根据大量的调研数据认为,人的正常血压标准是:高压不高于17.3kPa,低压不高于11.3kPa。而高压等于或高于18.7kPa,低压等于或高于12.0kPa时,就属于高血压了!

很多疾病与血压有关,高血压更是许多疾病的表现。血压高会影响到人体内的多个脏器如心脏、肾脏、脑等的功能,会使这些脏器功能改变,给您带来很多不健康的状况,使您的生活质量下降。血压高了要及时就医,按照医生的指导做进一步检查,按照医生的指导用药。

高血压是可以预防的。多种因素会影响血压,最好的办法就是改变不良生活方式。戒烟,限酒,限制食盐的摄入量(每天不超过6g),限制脂肪尤其是动物脂肪的摄入量;调整心情,经常处于最佳状态;运动是健康的源泉,培养体育锻炼的意识,选择一项适合自己的运动项目,持之以恒;身体不要超重或肥胖,保持合适的体重,使体重指数保持在20~24之间;起居有常,能有充足的休息和睡眠。

另外,为了保持血压指标的正常,中年人在日常生活中要注意以下几点:

①35岁以上人群高血压发病比例较高,且绝大多数为中、高、极高危患者,有必要建立35岁以上人群首诊测量血压制度。

②高血压相关知识的掌握程度是影响高血压知晓率、治疗率、控制率的重要因素,应重点加强对这一人群的健康教育。

③高血压常识掌握得不够全面、充分的情况在低文化程度者中更为突出。政府有关部门、宣传机构、医疗卫生人员应高度重视这一问题,做好高血压的健康教育工作。

④高血压患者进行降压治疗的比例有待提高。尤其是有效控制率较

低,应予以高度重视。

⑤食肉多、口味咸、体力活动少、超重是高血压重要的相关因素。合理膳食、减重、加强体育锻炼,有助于防治高血压。

⑥中青年对高血压的知晓率、治疗率均低,这一人群应该加强对自己的检测。

3.中年人必须关注呼吸系统指标

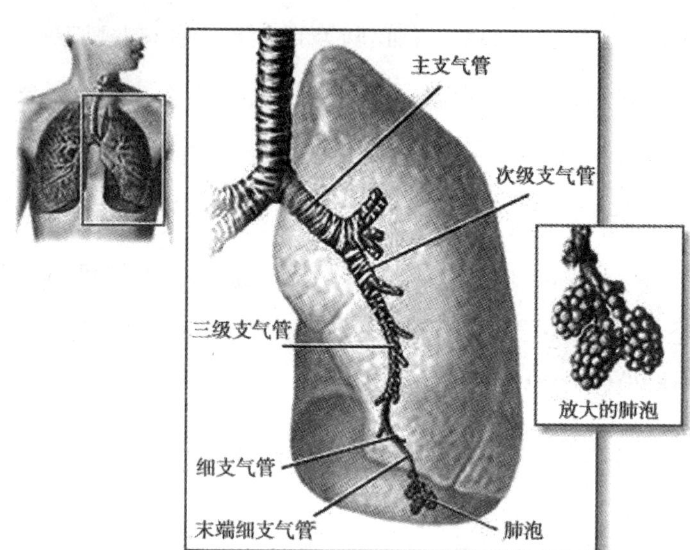

正常的肺有很强的储备能力,可以满足人在最大运动时对通气量的需要。这种储备在30~60岁时开始逐渐退化,如果吸烟或生活在空气污染严重的环境中,这一过程可能加快。

随着衰老,呼吸系统发生的3个最主要的变化是:肺泡体积逐渐增大,肺的弹性支撑结构蜕变,呼吸肌虚弱。这些变化会使胸廓及肺顺应性下降,使胸式呼吸减弱、腹式呼吸增强,影响肺的通气和换气能力,表现为肺活量降低、肺残气量增加、动脉血氧含量降低。在运动强度增加时,肺通气量的增加主要依靠增加呼吸频率,而不是呼吸深度。

中年人肺功能降低平时一般不会出现症状,但是当出现合并肺部疾

患，尤其是急性感染时，则容易发生呼吸功能障碍。另外，中年人的鼻、喉头（上皮角化、间质水肿、声带萎缩、声音变细）及支气管（鳞状上皮化生、管壁组织萎缩、黏液腺增多、软骨钙化）均出现变化，使呼吸道防御功能下降，易发生慢性支气管炎症、肺气肿及肺心病，尤其可能患上肺癌。

肺癌是个很复杂的疾病，早期没有特征性表现。人人都应提高警觉，及时发现异常，这对早期发现肺癌有很重要的作用。对于 40 岁以上的人来说，特别是吸烟史较长者，如果发现下列情况应及时检查。

①不明原因的痰中带血或偶然小量咯血，已排除鼻腔、咽部、食道的出血性疾病。

②在肺的同一部位反复发生肺炎。

③多年肺结核已痊愈，又发现咳嗽、咳痰、痰中带血，但缺乏结核病的阳性特征。

④不明原因的咳嗽，并伴有体重下降。

⑤原有气管炎、慢性支气管炎、肺气肿者频繁呛咳且用抗生素治疗无好转，突然出现咳嗽加重和咯血。

4.中年人必须关注循环系统指标

在 40 岁以上的中年人中，4%～5%的人都有发生心脏病的可能，他们如果事先无症状，生活又无规律，随时都有猝死的可能。

预防心脏病，培养良好的生活方式非常重要。特别是中年人，应该懂得缓解压力，保证适当的有氧运动，不吸烟、不喝酒，注意健康饮食，控制体重。如果患有高血压和糖尿病，应该及时进行治疗。

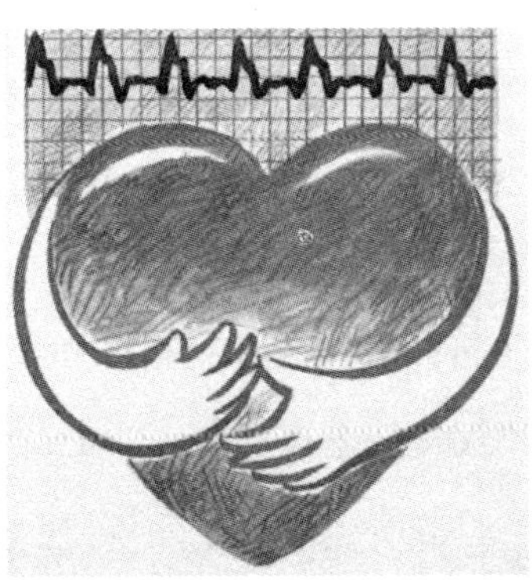

5.中年人癌症早期自测指标

许多肿瘤专家指出,从癌细胞形成不久的初生癌发展为明显的癌症,大概需要近10年的时间。在这段时间内,若不仔细检查身体,是很难觉察出癌症的。由于中年是多数癌症发病的高峰年龄段,所以40岁左右就是癌症早期的发病高峰期。现在已知的癌症从形成到发展,其中必有一些蛛丝马迹,自测这些迹象对于及早识别癌症是十分紧要的。

(1)大肠癌的自测

大便隐血试验呈阳性,也就是指肉眼看不见的轻微消化道出血,对自测胃肠癌有很大的意义。当发现大便颜色变深、变黑时就应做隐血试验。

除去便血和隐血阳性外,尚有以下一些自测内容:

①贫血:由于慢性失血,开始的症状以不明原因的贫血为特点。

②黏液便:大肠内易发生癌变的息肉主要是大肠腺瘤。此种腺瘤可以分泌大量的黏液。

③大便变形或变细。

④腹痛不适、便秘、腹胀。

⑤莫名其妙地发热。

(2)肺癌的自测

约有1/3的早期肺癌缺乏肺部症状,但可以出现某些肺外表现,如内分泌和代谢异常,皮肤和结缔组织改变,神经肌肉病变,心血管和血液系统的异常,等等。骨关节病更是一种常见肺外表现。肺癌的骨关节病变特征是:骨关节肿大或肥大,以大关节为主;四肢长骨远端出现骨质增生疼痛;杵状指(趾)(指甲和趾甲呈圆形外凸);肢端疼痛、发胀、麻木;指甲周围皮肤出现红晕。

除骨关节病变外,再加上以下一些自测内容,大致能判断是否患有肺癌:

①长期干咳或有黏液痰，尤其是痰中带血。

②慢性咳嗽的人咳嗽性质发生变化，或反复在某一肺叶、肺段发生炎症。

③肺结核病人出现刺激性咳嗽、血痰、胸痛、体重锐减、显著贫血，抗痨治疗效果不理想。

④剧咳不愈、痰少黏稠、少量血丝、吸气困难，是气管癌的重要迹象，即使做胸部透视、拍胸片、做 CT 检查没能发现病变，也仍然要高度怀疑气管癌，必须反复查痰找癌细胞，并且及早做纤维支气管镜检查。

⑤内分泌紊乱，如皮肤紫纹、向心性肥胖、满月脸、水牛背、厌食、恶心、颜面潮红等。

⑥神经肌肉症状，如下肢肌肉无力、容易疲倦、共济失调、行走不稳等。

(3)肾癌的自测

约 9%~28%的肾癌患者都有高血压现象，有时高血压甚至是肾癌的唯一表现。因此，专家指出：短期内出现血压升高者，除考虑高血压病外，还应想到由其他疾病引起的症状性高血压，特别要注意肾癌引起的高血压。

除高血压外，尚有以下一些症状可以自测：

①发热：约 10%~20%的肾癌患者出现发热症状，低热伴盗汗、中度发热或高热；热型为间歇热(体温急剧上升达 39℃以上，持续数小时或更长，然后下降至正常，经十几小时或数日的间歇又再上升，如此反复发作或体温 39℃以上，波动大，24 小时内温差达 2℃以上)。肾癌的部位较深，本身固有的症状难以在早期被识别，而发热有时是唯一的表现。中年人出现原因不明的发热，同时伴有血沉显著增快，而又无其他可供解释的原因时，应想到患肾癌的可能。

②贫血：贫血为恶性肿瘤常见的现象之一，肾癌更为明显。

③白细胞升高：肾癌患者相当突出，部分患者甚至是正常人的几倍甚至 10 余倍，但是并没有血液病的其他证据。

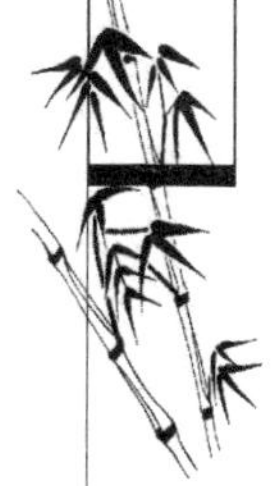

④急性左侧精索静脉曲张:这种曲张卧后不能消退,与一般的精索静脉曲张不同。

⑤无痛性血尿。

⑥腰痛。

(4)肝癌的自测

腹泻多为肝癌的首发症状,这种腹泻一般不严重,呈慢性状态,大便检验及细菌培养都没出现异常,用抗生素治疗无效。

除去顽固性腹泻这一首发症状外,尚有以下一些自测内容:

①乙型肝炎与丙型肝炎病毒携带者,长期嗜酒是肝癌的高危因素。

②长期发热,一般治疗无效。

③有低血糖症状,表现为头昏、面色苍白,甚至昏迷,多在清晨发作。

(5)胰腺癌的自测

胰腺癌在出现各种有关症状之前,甚至几个月之前就会出现糖尿病症状:血糖升高,尿糖升高,尿糖阳性。但是,这种糖尿病有其特殊的表现,即体重下降。有资料报道,40岁以上既不肥胖又无糖尿病家庭史的人,如果突然发生糖尿病,应该高度警惕胰腺癌。

除去突发性糖尿病外,对于胰腺癌尚有以下一些自测内容:

①黄疸:特点为阻塞性,一天天很快加深;尿液呈深茶色,粪便呈陶土色;皮肤瘙痒。

②腹痛:定位不太清楚,说不准究竟痛在哪个部位,性质为隐痛或钝痛。平卧时疼痛加重,在弯腰、坐、立或走动时疼痛反而减轻。腹痛与进食无关。所以尽管也主要痛在上腹部,但跟“胃痛”的症状不尽相似。

③消瘦:这是胰腺癌的一个重要特征,除了癌肿的消耗外,还与胰液分泌不足等有关。

特别提示——

中年人忽然出现“无痛性黄疸”,或出现了“不像是胃恙的腹痛”,再加上体重迅速减轻,就应想到胰腺癌的可能。

(6)食管癌自测

噎食是食管癌的早期信号,必须引起充分重视。所谓噎食,就是吞食物时有阻力,咽下不畅,有堵塞或异物的感觉。早期这种吞咽不畅所产生的种种不适感觉可自行消失,但易反复出现,在心情不愉快时容易发生,常易被误诊为“神经官能症”。

(7)胃癌自测

中老年人的胃癌症状不典型。中上腹不适、饱胀、隐痛,食欲下降,持续时间较长;不明原因的贫血,大便隐血阳性;进食哽噎感、胸骨后灼痛、胸闷等均属于自测的内容。

(8)乳腺癌的自测

国外推行自我检查的方法,明显提高了乳腺癌的早期发现率。一般在月经后1周进行,每月检查1次。平卧床上,用手指轻轻按压,而不是用手抓摸。另外的自测内容包括检查乳房是否长有酒窝样的凹陷,橘皮样外观,腋下有无肿块,乳头有无溢液和湿疹,等等。

(9)妇科肿瘤自测

①阴道出血:绝经后阴道出血是子宫体癌的信号。

②性交出血:是子宫颈癌的早期症状。

③白带异常:性生活后白带带血往往是宫颈癌的最早期症状。白带量剧增,大量清水样、黄水样或血性白带不断流出,是输卵管癌的重要征兆。

(10)前列腺癌的自测

异常排尿,如尿频、排尿无力、夜尿次数增多、尿线变细等,进展较快。

(11)脑癌自测

近期记忆障碍,中年突发的癫痫、眩晕、精神异常、视力障碍、头痛、呕

吐等均为自测内容。

淋巴瘤自测腋窝、腹股沟、颈部淋巴结呈无痛性、无炎症的局限性、进行性肿大,同时还出现不明原因的发热、皮肤痛痒、盗汗及消瘦等症状。

二、老年教师需要关注的健康指标

近年来退休教师被返聘的现象呈越来越普遍的趋势,老教师经过多年的教学实践积累了大量的经验,与引进年轻教师相比,老教师不用花费精力去培养,而且他们的经验直接可以应用于一线教学,学校出于对升学质量和教育质量的考虑,以高薪返聘一些优秀的退休老教师回校执教。但是,人到了一定的年龄,身体各部位都会出现变化。例如构成人体的肌肉、脂肪、水分等物质的比率随着年龄的增长在发生变化。构成脊柱和椎骨之间的椎间盘由于水分减少而萎缩,引起脊柱和下肢的弯曲日趋明显,身长缩减了。同样,脏器和肌肉的萎缩、功能减退,不仅影响了营养物质的吸收,也使体内废物的分泌、排泄等人体新陈代谢功能减弱了。另外,人上了年纪,听力、视力也出现衰退,虽说有个体差异,但是随着年龄的增长,人们对高音的听觉总体上变差了,有些甚至出现耳聋。

由于以上这些原因,老人的体力和抵御疾病的能力较差,而且得了病恢复健康也比较慢。

脑功能的情况也会随着年龄的增长出现明显的个人差异。人脑到了20岁前后就发育到了顶点,40岁左右神经细胞开始减少,慢慢趋于萎缩。正因为老年人身体内各个系统的功能都已经不同程度地衰弱,各种疾病便乘虚而入,再加上积劳成疾,所以大多数老年人都不能享受应有的寿命。这不能不说是一种遗憾。虽然老年人的身体大多不复强壮,但只要在平时多注意身体状况的自我监护,便可以及时发现疾病,及时诊治,避免意外发生。

综上所述,如果没有一个好的身体,纵然有再高的学识也无法为教育事业发挥余热,这不能不说是一个遗憾。

下面是一些日常生活中的健康自测指标,老年人可以根据这些指标测试自己的健康程度,做到及时发现隐患,及时排除。如果您恰是一位老年教师,更应该对照以下内容加以防范。

1.胸闷气喘

如果在安静的状态下总感到胸闷、胸堵或心悸怔忡,胸中突然蹦一下或停一下,或在上楼(3~5层)以后心跳气喘半小时左右,有时还可能心脏停搏(即期外收缩),应及时到医院检查心脏。

2.食欲改变

因疲劳或感冒偶尔不想吃饭是可以理解的,如果超过一星期仍不想吃饭就应该警惕了,胃部及消化系统其他器官(肝、肠)的肿瘤通常有这些症状。有一种进食发噎的现象更应该注意,如果总是发噎,并且愈来愈严重,那就可能是食道肿瘤的征兆,要及时去医院检查。

3.排便异常

正常人都有一定的大便习惯,中老年人如果两个月内排便的习惯发生了变化,时而便秘,时而腹泻,时而两三天才排一次便,有时却一天两三次或更多地排便,那就应警惕,这是肠道功能紊乱的最早征象,必须进行检查。因为大肠及直肠肿瘤在早期就常有这类症状。

4.无故出血

不该见血的地方如果突然出血,要引起警惕,例如痰、粪便、尿、鼻涕等出血,不论是血丝、血点、血块,都应警惕。老年人痰中带血,大多是肺部肿瘤的最早症状。

5.头晕头痛

如果清晨醒来,头脑仍是昏昏沉沉,头晕头痛,有可能是高血压或脑动脉开始硬化的迹象。

6.四肢发麻

长期高血压的患者,平白无故四肢发麻,有时甚至手脚大片麻木,有时则犹如有昆虫在四肢爬行的痒麻感,头痛头晕,这些都是中风的前兆,必须立即采取必要的措施,以防止脑卒中(中风)的发生。

7.连续咳嗽

平时无任何呼吸系统疾病也没感冒的中老年人,如果忽然经常咳嗽,就必须去做胸部检查。因为这种咳嗽有时是肺癌的最早信号,尤其是干咳,咳不出多少痰,这是深部的支气管受到刺激的结果。

8.日渐消瘦

这里指的是没有明显原因而日渐消瘦,有时在一两个月内体重减轻六七公斤或十来公斤。这种进行性的消瘦,大都表明体内有消耗性的疾病,对中老年人来说,主要是肿瘤的可能性较大。

9.口腔白斑

口腔白斑是一种口腔黏膜角化病变,末期可能有恶化趋势,它是口腔内常见的癌前病变之一,多发生于中老年人之中。白斑常发生于口腔内颊、舌背及硬腭等部位。

10.排尿异常

对男性中老年人来说,如果忽然出现尿频、尿急,每次排尿总有没有排尽的感觉,这种情况有可能是男性的前列腺肥大或前列腺肿瘤在压迫尿道,需及时检查。

11.眼球浑浊

对着镜子,看看眼球是否浑浊。人在40岁以后眼球会逐渐出现浑浊,这是老化的标志。如果已经浑浊,请注意血管疾病,减少肉食,多吃蔬菜和水果。

12.手背皮肤干燥、有褶皱

伸出手，看看手背的皮肤是否滋润。如果干燥、有褶皱，说明肾脏功能开始减退，你将时而觉得腰酸乏力。肾为水之源，保护好肾脏是中老年人的益寿之本。

13.耳垂有干燥或细小折纹

看看自己的耳垂是否有干燥或有细小的折纹出现。如果干燥，也是肾脏虚弱的表现；如果出现折纹，建议你要对心脏开始注意。

14.酒后观察掌翼颜色

爱喝酒的老年人，在喝过酒后打开自己的手掌，看看掌翼的颜色。如果出现比周围较深的粉红色，说明肝脏已经开始受到损害，或者是中度以上的脂肪肝或者其他；如果是暗红色，那就须去医院检查了。

15.下巴皮肤痉挛

用指甲轻轻地在下巴上划一下，如果周围的皮肤痉挛，那必定是动脉硬化了。

上面提到的内容都与老年人身体的疾病有关，而下面的内容则是老年人身体健康、没有疾病困扰的正常指标。每一位老年人都应该争取让身体达到下列指标，如此才能快乐地享受生活。

1.眼有神

目光炯炯有神，说明视觉器官与大脑皮层生理功能良好。中医学认为，肾开窍于耳，肝开窍于目，而且为肝气所通，肝肾充足，则耳聪目明。眼睛是人体精气汇集的地方，故眼有神，是精气旺盛，肝、肾功能良好的明证。所以，身体健康的老年人眼睛应该是亮的。

2.声息和

说话声音洪亮，呼吸从容不迫，说明发音器官、言语中枢、呼吸系统以及循环系统的生理功能良好。中医学认为声息和是正气内存的表现，正

气充足，邪不可干，就不容易得病。所以身体健康的老年人声音洪亮，呼吸均匀通畅。

3.前门松

指小便正常、畅通无阻。这说明泌尿系统和生殖系统功能良好。中医学认为小便淋漓不畅，可谓"膀胱气化失利"，表明泌尿系统或生殖系统功能受损。所以身体健康的老年人，肾功能良好，膀胱功能正常，排尿通畅，尿量每天为1000~1500 ml，每天约5~6次，每次200~250 ml。如每日尿量少于400 ml或多于2500 ml，说明肾功能不正常或有疾病。

4.后门紧

肛门括约肌紧张度良好，肠道无特殊疾病。中医学认为老年人由脾肾阳虚导致中气下陷，会出现五更泻、便秘或大便失禁等症状。所以，身体健康的老年人排便通畅，一般每日一次或两次，或隔日一次，最好每天早晨起来按时大便，这样可减少大便内有毒物质重新被吸收，即所谓影响人类长寿的"自身中毒"。

5.形不丰

老年人体形应偏瘦，或保持标准体重。老年人肥胖不仅气喘吁吁，行动不便，且易引起"肥胖综合征"，即高血压、冠心病、糖尿病、高血脂和胆囊炎、胆石症等。过分肥胖必然影响寿命。我国百岁以上老年人无一例肥胖者。有的科学家研究提出：如果超过本人标准体重10 kg，短寿13%；超过标准体重20 kg，短寿25%；超过30 kg，短寿42%。

老年人标准体重的简单计算公式为：

男性：身高(cm)-105=体重(kg)

女性：身高(cm)-100=体重(kg)

6.牙齿坚

牙齿完坚者老化慢。中医学认为："齿为骨之余，肾主骨生髓。"肾精充足,则牙齿坚固,自然多寿。如肾虚则骨败齿摇。古代医书记载名医华佗的弟子吴普90岁高龄仍耳聪目明、牙齿完坚,说明长寿者口腔健康状况都比较好。

7.腰腿灵

腰腿灵活自如,说明腰腿的骨骼、肌肉、运动神经以及运动中枢生理功能协调好。俗语说:“人老腿先老,将老腰先病。”中医学认为老年人腰腿灵活,说明肝、脾、肾尚实。因为肝主筋,脾主肉,肾主骨,肝好筋强,脾好肉丰,肾好骨硬。

8.脉形小

血压不高,心律正常,动脉血管硬化程度低,脉形就小。中医学认为老年人大多肾水亏虚,肝阳偏亢,故脉常粗大而强。如果60岁以后还能保持较小的脉形,说明阴平阳秘,气血调和。国内外长寿老人之所以身体健康,其重要原因就是心脏功能好,血压、脉搏正常,血管硬化程度低,脉形小。

第四节　教师健康简易测试法

一、身体健康10标准

以下是判断健康状况的10条标准。如果您10条都正常,可以给自己下“健康”的结论;有1条不正常应找医生查找原因;有2条不正常,可能患有某种疾病;3条以上不正常,则肯定已患有某种疾病。

①1个月内体重增减不应超过3kg。

②每日体温波动不超过1℃(正常37℃左右)。

③脉搏每分钟72次左右(每分钟60~100次以内均正常)。

④正常成年人每分钟呼吸16~20次,呼吸与心跳的次数比例为1∶4。

⑤每日进食总量保持在1~1.5kg之间,超过平常量的3倍或少于1/3为不正常。

⑥大便定时,每日1~2次,超过3天不大便或每天超过4次为不正常。

⑦一昼夜尿量1500ml,多于2500ml或少于500ml为不正常。

⑧成年女性月经周期在28天左右,超前或错后7天以上为不正常。

⑨睡眠能维持在6~8小时左右,不足4小时或嗜睡(每日超过16小时)为不正常。

⑩能坚持日常工作、学习而不感到疲劳,不明原因,连续一星期不能坚持日常工作、学习为不正常。

二、体力年龄

1.敏感性

双脚并拢,前后左右地跳跃,记下两分钟内跳的次数。200次以上为优,150~200次为中,少于150次为差。

2.平衡性

双眼轻闭,一只脚离地,单脚站立,借以考察小脑的平衡功能。站立时大于40秒为优,30~40秒为中,小于30秒为差。

3.柔韧性

双腿并拢直立,弯腰,以手触地。手腕能触地为优,手指尖触地为中,手指不能触地为差。

4.肌力

仰卧,双腿伸直,上身抬起。如果双手抱头能坐起为优,勉强能坐起为中,不能坐起为差。

5.爆发力

下蹲后向上跳起为1次。30秒内能做25次为优,做15次为中,再少则为差。

6.耐力

出一口气,然后屏气。坚持30秒以上不吸气为优,少于30秒为中,少于25秒为差。肺活量越大的人坚持的时间可以越长。

以上指标,如果其中有4项为中等,说明体力年龄比生理年龄小10岁;有4项为差,则体力年龄比生理年龄大10岁;如6项全优,则体力年龄比生理年龄小20岁。

三、血管年龄

最近国外出现一种简便的方法,可以在短时间内了解心脑血管情况,这就是自测血管年龄。遍布全身的血管犹如住宅中的自来水、煤气管道一样,用的时间长了,管内壁就结垢、生锈。胆固醇等在血管壁沉积以后,血管柔韧性降低,血液流动受阻——目前心脑血管病已占人类死亡原因的前两三位,其直接因素就是动脉硬化。

血管年龄高出生理年龄10岁以上的人,患糖尿病、心脏病、脑中风的可能性较大。近年来,一些20多岁的年轻人的血管年龄竟高达四五十岁,即使是常规血液检查未见异常的患者中也有血管年龄偏高者,只要接受治疗,克服不良生活习惯,血管仍然可以重返青春。

血管年龄自测方法:

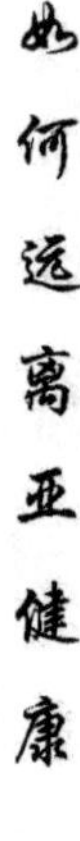

①最近情绪压抑。

②过于较真。

③爱吃方便食品及饼干、点心。

④偏食肉类。

⑤缺少体育锻炼。

⑥每天吸烟支数乘以年龄超过400。

⑦爬楼梯时胸痛。

⑧手足发凉、麻痹。

⑨明显地拿东忘西。

⑩血压高。

⑪胆固醇或血糖值偏高。

⑫亲属中有人死于脑卒中、心脏病。

以上符合项越多,血管年龄越高:符合项为0~4项者,血管年龄尚属正常;符合5~7项者比生理年龄大10岁;达到8~12项者比生理年龄大20岁。

四、是否易患高血压

有关专家指出,6类人群易患高血压。这6类人包括:摄入动物脂肪较多者;父母患有高血压者;摄入食盐较多者;吸烟、肥胖者;精神紧张者;长期饮酒者。下面有一份自测试题,通过测试可以得知自己患高血压的可能性是多少。

六类人易患高血压

自测试题：

①你的父母亲及兄弟姐妹中有高血压病人吗？

②你是男性吗？

③你有过高血压记载吗？

④你在 55 岁以上吗？

⑤你是否超过标准体重的 15%以上？

⑥你每天摄盐量超过 2 克吗？

⑦你每周锻炼少于 3 次吗？

⑧你吸烟吗？

⑨你每天饮酒超过 50 毫升吗？

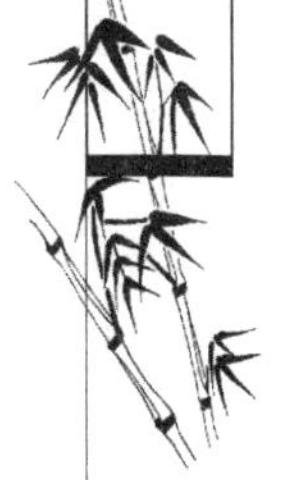

⑩你有糖尿病吗？

⑪你有高血脂症吗？

⑫你的工作紧张吗？

⑬你在应激状态下充满敌意和愤怒吗？

上述题目每题1分，分数越高，则发生高血压的可能性就越大。换句话说，各种危险因素具有累加效应，比如你的父母之中有一人患高血压，同时你又超重，那么你比父母之中仅患高血压的人和仅超重的人患高血压的危险性的总和还要高。

你若得1~2分，则患高血压的危险性很小；如果得3~4分，虽然比较低，但也说明你的饮食或生活习惯存在问题；如果得5~7分，则危险性达到中度；大于8~9分，则将你归入高度危险性一类。

五、右脑度

我们思考问题时，很少是只用左脑或右脑单方面进行思考。然而，同时又很少有人将左右两个大脑协调运用得非常好。现代白领左脑偏重型的人较多，但这仅仅是整体的一般倾向，具体到每个人，的确又各自有独特的“用脑方法”，这是由每个人自身条件和客观环境造成的。如果你想要活化右脑，变成一个富有直观力、综合判断力和创造力的人，首先要认识自己有哪些用脑习惯。

如果你想了解自己用脑是偏重左脑还是偏重右脑，那么可以做一下测验。

右脑度测验要点：

①每题思考时间不超过5秒钟。

②必须回答“是”或“否”。

③对于没有体验过而且无法回答的问题，回答“都不是”。

④整个测验大约用5~7分钟完成。

右脑度测验题：

1.你是否认为你母亲做的菜最好吃呢？

①是　　②否　　③都不是

2.你不觉得搞宴会、聚会很麻烦吗？

①是　　②否　　③都不是

3.遇到你没吃过的新奇东西你想吃吗？

①是　　②否　　③都不是

4.你喜欢在小吃店里闲谈吗？

①是　　②否　　③都不是

5.你经常把你看过的电影、电视讲给别人听吗？

①是　　②否　　③都不是

6.你对自己看过的电影、电视里的演员、特技、摄影师记得住吗？

①是　　②否　　③都不是

7.你初次见一个人时注意其服装、面容吗？

①是　　②否　　③都不是

8.对初次见到的人，你有与平常不同的感觉吗？

①是　　②否　　③都不是

9.你喜欢写文章吗？

①是　　②否　　③都不是

10.比起写来你是否更喜欢对别人说？

①是　　②否　　③都不是

11.上学时，若不按照计划学习你心情会不好吗？

①是　　②否　　③都不是

12.上学时，你是否无计划地、随心所欲地学习？

①是　　②否　　③都不是

13.小时候你喜欢看图画吗？

①是　②否　③都不是

14.小时候你喜欢读传记、故事之类的书吗？

①是　②否　③都不是

15.学电脑时，你是否先向别人请教或看说明书？

①是　②否　③都不是

16.学电脑时，你是否想先摸摸键盘自己摆弄？

①是　②否　③都不是

17.喜欢把自己做的梦讲给别人听吗？

①是　②否　③都不是

18.自己做的梦总是模糊不清吗？

①是　②否　③都不是

19.喜欢自己做菜吗？

①是　②否　③都不是

20.你菜肴方面的知识很丰富，并且对食物比较挑剔吗？

①是　②否　③都不是

21.工作即使有些不顺利，也按原计划进行吗？

①是　②否　③都不是

22.即使工作不能按计划进行，也要在期限内完成吗？

①是　②否　⑧都不是

23.即使会议作出了结论，也对其结果担心忧虑吗？

①是　②否　③都不是

24.会议上有了结论就放心了吗？

①是　②否　③都不是

25.桌子上不收拾整齐就不舒服吗?

①是　　②否　　③都不是

26.桌子上有点儿乱时反而效率高吗?

①是　　②否　　③都不是

27.参加过集体旅行吗?如有机会愿去参加吗?

①是　　②否　　③都不是

28.喜欢自己定计划去旅行吗?

①是　　②否　　③都不是

29.你常同家人谈话吗?

①是　　②否　　③都不是

30.你喜欢全家一起旅行、做游戏、进行体育活动吗?

①是　　②否　　③都不是

31.你常常担心自己说话不妥吗?

①是　　②否　　③都不是

32.你常常用开玩笑来避开与对方的矛盾吗?

①是　　②否　　⑧都不是

33.你喜欢赶时髦吗?

①是　　②否　　③都不是

34.你认为赶时髦是浅薄的表现吗?

①是　　②否　　③都不是

35.只见过一面的人,你也能记住其长相吗?

①是　　②否　　③都不是

36.见到你认识的人想不起姓名时,你觉得难为情吗?

①是　　②否　　③都不是

37.你读书一般是从头开始按顺序读吗？

①是　②否　③都不是

38.你认为读书可以从你喜欢的地方读起吗？

①是　②否　③都不是

39.新店开业时你想去看看吗？

①是　②否　③都不是

40.你觉得在熟悉的商店里买东西心里比较踏实吗？

①是　②否　③都不是

41.作业一定要提前几天完成,否则就坐卧不安吗？

①是　②否　③都不是

42.作业不到最后期限就做不出来吗？

①是　②否　③都不是

43.如果有机会,你打算将计算机或机器人作为流行物接触一下吗？

①是　②否　③都不是

44.公司推行电脑无纸化办公时,你有压力吗？

①是　②否　③都不是

45.工作计划、日程安排等一定要整理好才放心吗？

①是　②否　③都不是

46.你认为计划、记录等是经常变化的,乱一点儿没关系吗？

①是　②否　③都不是

47.你常读小说吗？

①是　②否　③都不是

48.你喜欢诗歌、短诗、短歌等韵文吗？

①是　②否　③都不是

49.当你觉得开始读的书比较难时,你想搜集有关资料吗?

①是　　②否　　③都不是

50.即使是一本难懂的书,你也一定要坚持读完吗?

①是　　②否　　③都不是

51.你喜欢唱卡拉 OK 吗?

①是　　②否　　③都不是

52.你喜欢古典音乐、摇滚乐、爵士乐吗?

①是　　②否　　③都不是

53.工作没做完就没心思去玩吗?

①是　　②否　　③都不是

54.碰到有意思的事,即使耽误上课、工作也要参加吗?

①是　　②否　　③都不是

55.你喜欢考虑新年联欢会或集体休假旅行的计划吗?

①是　　②否　　③都不是

56.你认为组织新年联欢会或集体旅行有意义吗?

①是　　②否　　③都不是

57.看展览时,你是一个一个地依次看吗?

①是　　②否　　③都不是

58.去看展览时只要有一个中意的,你就满意吗?

①是　　②否　　③都不是

59.你有好几个异性朋友吗?

①是　　②否　　③都不是

60.你认为异性朋友之间难以获得纯友谊吗?

①是　　②否　　⑧都不是

61.旅行时,你是先定好全程计划并安排妥当后才出发吗?

①是　　②否　　③都不是

62.旅行时你是大体定个计划就出发吗?

①是　　②否　　③都不是

63.很介意别人的言谈举止吗?

①是　　②否　　③都不是

64.你是否认为评价一个人不能单凭礼貌、举止?

①是　　②否　　③都不是

65.打网球时,你喜欢或擅长用力击球吗?

①是　　②否　　③都不是

66.打网球时,你喜欢或擅长轻打或扣技巧球吗?

①是　　②否　　③都不是

67.参加体育运动或业余爱好时,你是否热衷到忘记工作的程度?

①是　　②否　　③都不是

68.参加体育运动或业余爱好时,你也常常联想到工作吗?

①是　　②否　　③都不是

69.当你开始一项新的业余爱好时,是认真向书本或他人请教吗?

①是　　②否　　③都不是

70.当你开始一项新的业余爱好时,一上来就动手干吗?

①是　　②否　　③都不是

71.你每天会认真看报吗?

①是　　②否　　③都不是

72.你擅长选择有意思的内容快速浏览杂志吗?

①是　　②否　　③都不是

73.学生时代你总是认真记笔记吗?

①是　②否　③都不是

74.学生时代你的笔记很乱、很简单吗?

①是　②否　③都不是

75.你喜欢做小工艺品、根雕、木工活或是玩魔方吗?

①是　②否　③都不是

76.你喜欢钓鱼吗?

①是　②否　③都不是

77.你至今仍和学生时代的朋友交往吗?

①是　②否　③都不是

78.对于背叛、欺骗过你的人,绝对不能容忍吗?

①是　②否　③都不是

79.当被委派做一项工作时,你会遵循前例而行吗?

①是　②否　③都不是

80.当被委派做一项工作时,你注重自己"一闪念"的想法吗?

①是　②否　③都不是

81.你乐于思考围棋的布局吗?

①是　②否　③都不是

82.你善于把死棋走活吗?

①是　②否　③都不是

83.你乐于思考象棋的开局吗?

①是　②否　③都不是

84.你觉得围棋、象棋的终盘有意思吗?

①是　②否　③都不是

85.你喜欢电视中无聊的东西吗?

①是　②否　③都不是

86.你喜欢电视中的严肃剧吗?

①是　②否　③都不是

87.你是否认为业余爱好会妨碍工作?

①是　②否　③都不是

88.你想增加业余爱好吗?

①是　②否　③都不是

89.学生时代,你擅长几何学吗?

①是　②否　③都不是

90.学生时代,你擅长代数吗?

①是　②否　③都不是

给分及评价方法:

给分:首先按“是”每题2分、“否”每题1分、“都不是”每题0分的标准给你的答案打分,然后按照下图所示把R型和L型的总分算出来。

R型题(题号)

2 3 6 8 9 12 13 16 18 19 22 23 26 28
30 32 33 35 38 39 42 43 46 48 49 52
54 55 58 59 62 64 65 67 70 72 74 75
77 80 81 83 85 88 89

L型题(题号)

1 4 5 7 10 11 14 15 17 20 21 24 25
27 29 31 34 36 37 40 41 44 45 47 50
51 53 56 57 60 61 63 66 68 69 71 73
76 78 79 82 84 86 87 90

评价：也许你已经注意到，R 型题是检查右脑思考倾向的，L 型题是检查左脑思考倾向的。如果你的 R、L 两个总分相差 6 分以下，那么你是一个用脑相当平衡的"左右脑型"人；如果 L 大于 R 并且相差 7 分以上，你具有多使用左脑的倾向，属于"左脑型"人；如果 R 大于 L 并且相差 7 分以上，说明你多使用右脑，是一个"右脑型"人。

有的人容易使用某一侧大脑，这表明每个人有各自的用脑习惯，人与人之间这种用脑的差别，其实是从儿童时代就已存在了。我们说"三岁看老"，实际上所指的就是幼儿三岁前的用脑习惯。所以，前面的测验所表明的左脑型、右脑型、左右脑型的区分并不是说哪种类型好或者不好。你如果通过测验发现自己属于左脑型，那也没有必要悲观，从反面说，这正说明你有潜力锻炼和使用右脑。

属于右脑型的人也不能认为"这样一来我不必特别注意使用右脑了"。因为你的右脑型倾向是无意识形成的，所以，如果今后不有意识地积极应用，也会逐渐衰退。左右脑型的人虽然属于思考力平衡较好的人，如果不注意积极地运用右脑，也有陷入左脑型的危险。总之，在认识了自己的用脑习惯后，要积极地开始右脑的活化锻炼。

六、心脏健康

心跳次数在一定程度上反映了一个人的心脏健康状况。在一分半钟内做 20 个仰卧起坐（起呼气、卧吸气），在做之前量一下脉搏次数，记为"脉 1"；做完后即刻再量一次脉搏次数，记为"脉 2"；休息一分钟之后量第三次脉搏次数，记为"脉 3"。

将这 3 次脉搏次数相加，减去 200，其差与 10 来比较，列一公式：

[（脉 1+脉 2+脉 3）-200]/10

结果出来后可对照下列数据了解一下你的心脏功能：

0~3:你的心脏功能非常好;

3~6:你的心脏功能好;

6~9:你的心脏功能中等;

9~12:你的心脏功能马马虎虎;

12 以上:你应该赶快去看医生。

七、女性更年期综合征

症状			没有 (0 分)	有时 (1 分)	经常 (2 分)	一直 (3 分)
心理症状	焦虑症状	心跳加速和加强				
		感到紧张				
		难以睡眠				
		激动				
		容易惊慌				
		难以集中注意力				
	抑郁症状	感到疲劳乏力				
		对大多数事情没有兴趣				
		感到抑郁和不高兴				
		易抽泣				
		易怒				
躯体症状		感到眩晕				
		头部或身体有蚁走感 (蚂蚁爬过身体的感觉)				
		局部麻木或刺痛				
		头痛				
		肌肉和骨骼疼痛				
		手足失去感觉				
		呼吸困难				
性方面		对性失去兴趣				

请对照所列的症状和自己最近的情况选择最适合自己的一栏。如果您焦虑症状评分为10分或10分以上,或者抑郁症状评分是10分或10分以上,您可能有焦虑或抑郁症状。

填完此测量表后,请向您的医生咨询,组织特异性药物治疗也许对您目前的健康状况有益。

八、男子性功能自测

阴茎勃起是男性性反应中较早发生的生理现象,也是完成性生活所必须具备的首要功能。"阳痿"这个名词,现今在科学术语上已被"阴茎勃起障碍"所替代,因而更能确切地表达此病是勃起功能发生了障碍。有许多人,对自己阴茎的勃起是否已经达到正常程度常有疑惑,因而本来很正常的勃起也会被疑为阳痿。有的人勃起不理想就怀疑自己出了毛病,怀疑是器质性疾病而终日愁眉不展。所以对自己的勃起功能有个正确的认识,在人的一生中是相当重要的。通常勃起功能可以从下述几方面来评价。

从阴茎的硬度来评价。阴茎由于海绵体充血而发生增粗增长,最后达到一定的硬度。确切的硬度需用仪器来测量。自我评价可以结合外表和阴茎勃起时与身体纵轴所构成的角度(下夹角)来判断。通常将阴茎的硬度分为4级:

0级阴茎完全呈疲软状态,或只有膨胀伸长,阴茎仍呈悬垂状,没有明显角度。

1级阴茎胀大伸长,有一定的角度,但达不到90度。用中指和食指从两侧同时挤压阴茎中段时,两指尖可相互感觉到。轻轻弯曲阴茎时,可以使阴茎折成小于90度的角度。

2级阴茎膨大伸长,有搏动感,与身体的角度可达90度。从两侧挤压阴茎中段时可有凹陷,但两指尖不能互相触及,弯曲阴茎时只能成弧形。

3级阴茎伸长坚挺,角度超过90度。挤压阴茎中段感觉很坚硬无压迹,无法使其弯曲。阴茎表面可见静脉有饱满和充盈。

其中,2级和3级勃起都足以插入阴道,完成性生活。

对于0级或1级的勃起,还需结合其他方面来考虑是否真的发生了勃起障碍,是否是心理因素所造成的,其障碍程度如何。通常可以由下列几方面来评价:

1.性欲要求

正常或基本正常是轻度障碍,减弱或消失就较重。

2.勃起反应

0级或1级的勃起发生很快或较快是轻度障碍,减慢或消失为重度障碍。

3.手淫能否诱发勃起

能诱发正常或基本正常的0~1级勃起是轻度障碍,需要强刺激才能诱发勃起或没有反应的属重度。

4.勃起持续时间

虽能坚硬勃起,但持续时间短,不能达到射精高潮,表示勃起功能不良。

5.有无夜间或晨起时勃起

这一项是判断有无心理影响的标准。房事时不能勃起或勃起不坚,但有夜间勃起或晨间排尿前的坚硬勃起,那么说明房事失败是心理因素所致。在睡眠后大脑失去控制的情况下,阴茎会自发勃起说明勃起功能尚正常。如果自己难以肯定晚间是否有正常勃起,可以通过简单的邮票试验来评价,其方法为:用4张未撕开的联孔邮票,临睡前围绕阴茎将重叠部分粘住形成一个环,清晨检查邮票是否沿联孔处撕裂。如重叠部分脱粘,则无意义;如果撕裂则表示晚间曾发生过勃起。此法只是一种粗略的估测,如有问题应去医院采用精密的夜间勃起测定仪,来判断每晚勃起多少次、持续多长时间、勃起的周径变化如何及硬度的客观测定等。

如果通过自我评价仍存在疑虑,最好还是去请教医生,以免因为心理负担加重病情。

九、头脑年轻程度测试

此法是由国外一位教授编制的测验头脑年轻程度的方法,笔者把它全文收入此书,相信您年轻的头脑会给您和子女在沟通方面带来益处:

①充满好奇心,渴望新知识。

②能适应新环境。

③对事物理解快,反应快。

④不喜欢依赖别人,自立心强。

⑤容易消除疲劳,情绪乐观。

⑥不易烦恼,下决心后行动迅速。

⑦疲倦时心境仍然保持良好。

⑧在任何地方都能睡得好。

⑨不健忘,记忆力强。

⑩思想永远向前,不拘泥于过去的事。

⑪不嫌麻烦,大事小事都愿意做。

⑫不考虑老年孤独和死的事。

⑬不重复说同样的事情。

⑭不发牢骚,经常探索可能性。

⑮不爱惜东西,很少考虑储蓄。

⑯对异性热心,有兴趣。

⑰不囿于常识和习惯,有时爱冒险。

⑱乐于想象,有理想。

以上各项,符合自己实际情况的得1分。总分越高,头脑越年轻;总分只有9分者说明头脑正在老化;分数越少,老化越严重。

十、中老年人健康测试

你能够:	是	否
①爬三层楼不歇脚。	□	□
②疾步走1个小时。	□	□
③游泳一口气游15分钟。	□	□
④骑自行车20公里,脚不着地。	□	□
⑤几分钟即可入睡。	□	□
⑥集中注意力30分钟。	□	□
⑦记住10个电话号码。	□	□
⑧每星期做爱2~3次。	□	□
⑨积极筹划一项活动。	□	□
⑩照镜子,喜欢自己的面貌。	□	□

如果得10分:您精神焕发;

如果得8分:您在正道上;

如果少于6分:刚刚算得上健康;

少于4分:注意,青春已逝,马上反应。60岁后,在总分上加1分;80岁后,在总分上加2分。

十一、睡眠质量测试法

你的睡眠情况到底怎么样呢?回答几个简单的问题就可以知道了。

下面 10 个问题的答案有 4 种:A.经常;B.有时;C.很少;D.从未。

①睡眠时间很不规律,不能按时上床睡觉。

②工作或娱乐至深夜。

③躺在床上脑子里全是白天见过的人和发生的事,难以入睡。

④入睡后稍有动静就能知道。

⑤整夜做梦,醒来时觉得很累。

⑥很早就醒来,而且再也睡不着了。

⑦有不顺心的事就彻夜难眠。

⑧换个地方就难以入睡。

⑨一上夜班就睡眠不好。

⑩使用安眠药才能安然入睡。

选 A 记 5 分,B 记 2 分,C 记 1 分,D 记 0 分。

总分在 20 分以上为严重睡眠障碍;总分为 5~20 分说明您的睡眠质量比较差;5 分以下(没有 A 项)说明您的睡眠质量良好。

如果您的累计得分在 5 分以上,特别是有 A 项得分,您需要高度重视您的睡眠状况,想办法改善睡眠质量。

十二、自测衰老程度

下表以症状轻重分为 4 级,按 1 分、2 分、3 分、4 分来计算分值,最高分值为 60 分,累计积分达到 30 分以上即可认为进入老化期,积分越高,衰老程度越重。

	1 分	2 分	3 分	4 分
精力	健忘,能适应不同环境	胆怯,不能处理突发事件	精神焦虑,不能处理日常事务	独自居住,怕与外界接触
动作	精细动作欠准确	可做轻体力劳动,休息后仍累	不能做一般家务劳动	生活基本自理

（续表）

	1分	2分	3分	4分
语言	有反应,迟缓	语言欠流利	语言重复	经常语言失误
睡眠	6小时左右,无不适	4小时左右,多梦乏力	3小时左右,头晕乏力	睡眠不实,多梦,乏力头晕
饮食	日5~6两,无择食	日4~5两,择食	日3~4两,易饱、易饥、择食	3两以下,择食,多餐、易饥
便溏	夜尿1~2次,量少	夜尿2次以上,便溏或便秘	夜尿3次以上,排尿不畅,便溏或便秘	夜尿3次以上,淋漓不净
皮肤	皱纹较多	皮肤松弛,弹性差	皮肤松弛,弹性差,粗糙无光泽	皮肤松弛,弹性差,无光泽,静脉隆起
老年斑	量少,隐约可见	量少,较明显	量较多,明显可见	量多,明显可见
脱发	毛发稀疏	前顶或后顶脱发	前后顶均脱发	全头毛发稀少
齿脱	齿松无脱,牙龈无萎缩	齿松有脱,牙龈轻度萎缩	齿松脱较多,牙龈中度萎缩	仅有几颗牙,牙龈萎缩严重
白发	两鬓白发	花白,黑多白少	花白,白多黑少	白发
性功能	女子闭经,男子性功能减弱	性功能低下,女子乳房萎缩	性欲减退	性欲消失
听力	耳鸣、耳聋	需大声交谈	交谈困难	耳聋
视力	眼花300度以上或视力0.7以下	眼花300度以上或视力0.4以下	眼花500度以上或视力0.4以下	眼花800度以上或视力0.3以下
抗病力	不耐寒冷	易感冒,不耐寒冷	不耐寒热,易感冒	不耐寒热,感冒不易治愈

十三、自测是否健忘

认真回答以下问题可以检验你是否健忘。

①经常忘记电话号码或人的姓名。

②有时已经发生的事情，短时间内却无法回忆起细节。

③几天前听到的话都忘了。

④很久以前曾经能熟练进行的工作，现在重新学习起来有困难。

⑤反复进行的日常生活发生变化时，一时难以适应。

⑥配偶生日、结婚纪念日等重要的事情总是忘记。

⑦对同一个人经常重复相同的话。

⑧不管什么事，做过就忘了。

⑨忘记约会。

⑩说话时突然忘了说的是什么。

⑪忘记吃药时间。

⑫买许多东西时总是漏掉一两件没买。

⑬忘记关煤气而把饭菜烧焦。

⑭反复提相同的问题。

⑮记不清某件事情是否做过，例如锁门、关电源。

⑯忘记应该带走或带来的东西。

⑰说话时突然不知如何表达。

⑱忘记把东西放在哪里。

⑲曾经去过的地方再去却找不到路。

⑳物品在经常放置的地方找不到,却在想不到的地方找到了。

回答了以上问题,可以大体知道自己的健忘程度。

(符合0~5个)正常。偶尔有些琐事想不起来,这只是极轻微的记忆力减退,没必要浪费时间来担心这个问题。

(符合6~14个)轻微的健忘症。很多怀疑自己得了严重健忘症的人大多数处于这个阶段。轻微的健忘症多数人都有,不必有太大的心理压力,但应注意调整,戒烟酒,补充维生素。

(符合15~20个)严重的健忘症。应找专家问诊,寻找恰当方法治疗。

十四、自测是否重听

除了老迈,如果您是重听的高危人群,例如有重听的家族史、曾经从事噪声作业、喜欢吵闹的娱乐活动、反复发生耳朵疾病等,应该定期检查听力。测听力很简单,只要到正规医院的耳鼻喉科做听力检查,如果可以听到25分贝的声响就是正常。但65岁以上老人的重听标准要放宽一点儿。

如果听力异常,让专科医师检查,看是否可以恢复,不要直接去配助听器。

想知道是否重听,除了测听力,也可以先回答以下问题。

①认识新朋友时,会因为听不清楚而感到不好意思吗?

②与家人谈话时,会因为听不清楚而泄气吗?

③别人向您说悄悄话时,您会听不清楚吗?

④您会因为听不清楚而觉得生活不便吗?

⑤拜访亲友、邻居时,会因为听不清楚而感到辛苦吗?

⑥您会因为听不清楚而减少参加集体活动吗?

⑦您会因为听不清楚而和家人争吵吗?

⑧打开电视或收音机时,会听不清楚吗?

⑨您会因为听不清楚而感到个人生活或社交受限制吗?

⑩与亲友进餐时,会因为听不清楚而交流困难吗?

回答“是”算4分,回答“有时候”算2分,回答“没有”算0分。总分0~8分是正常,10~24分是轻微到中度听障,26~40分,则是重度听障。如果问卷测验结果异常,应到正规医院的耳鼻喉科就医检查。

十五、自测心理疲劳度

针对自身情况对以下题目进行选择,就可以轻松地测定自己的心理疲劳程度。

①早晨不想起床,即使勉强起床,也是浑身倦意。

②工作或学习时老开小差,注意力难以集中。

③说话懒言懒语,少气无力。

④不愿与同事交谈,回到家后也常常默不作声。

⑤总想伸懒腰,打哈欠,睡眼惺忪。

⑥懒得爬楼,上楼时常常绊脚。

⑦公共汽车开过来了也不想跑步赶上去。

⑧脾气变坏,爱发火,烦躁不安。

⑨四肢发硬,两腿沉重,双手易发抖。

⑩食欲差,不思茶饭,厌油腻,恶心。

⑪时有心悸、胸闷、厌烦,心中有一种说不出的难受滋味。

⑫经常腹胀、腹泻或便秘。

⑬忘性大,越是眼前的事越易忘掉。

⑭不易入睡或早醒,入睡后做梦不断。

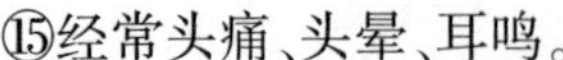

⑮经常头痛、头晕、耳鸣。

⑯易患感冒,且不容易好。

⑰出现不明原因的消瘦,体重逐渐下降。

如有 2~3 项,表示轻度心理疲劳;有 3~4 项,表示中度心理疲劳;5~7 项则表示重度心理疲劳,而且你可能患有潜在性精神疾病;一旦具备 8 项以上,可以肯定你已染上某种疾病,应到医院及时检查就诊。

十六、你符合民间健康标准吗

“没心没肺,能吃能睡”是民间流传的健康谚语,既可以评价他人,又可以比照自己。

“没心没肺,能吃能睡”这句话实际上提出了健康的 4 条标准:①情绪乐观;②性格温和;③食欲旺盛;④睡眠安稳。前 4 个字“没心没肺”说的是心理健康,后 4 个字“能吃能睡”说的是生理健康。8 个字合起来就成了完整的健康标准。

由此看来,我们不仅要懂得把躯体健康与心理健康有机地结合起来,而且要把心理健康放在首要的地位。没有良好的情绪,就不会有健康的体格。试想,一个心理失去平衡,整天忧愁烦恼,动辄大发脾气,处处感到失落的人,能吃得好睡得香吗?心理失衡能引起内分泌的紊乱,导致各种疾病的发生,对健康极为有害。

健康是上了年纪的人最可贵的东西,还能有什么比“没心没肺,能吃能睡”更具有吸引力呢?

十七、怎样才算有个好身体

对于读者来说,您最关心的是:自己的身体质量到底怎么样?这里,我们不妨对一些主要指标的标准略作介绍,供读者朋友参照。

《国民体质测定标准》的适应对象年龄为3~69岁,根据不同年龄人群在体质方面的特征,分为幼儿、儿童、青少年、成年和老年4个部分。

比如:你是30~34岁的成年男性,你的身高在175~176cm之间,那么你的理想体重在61.1~78.9kg之间,如果超过84kg或不足56.2kg,就都成问题;而你的肺活量大于4544ml最棒,3345~3874ml之间为中等;你如果能做30个以上的俯卧撑是很棒的,能做16~22个为中等;闭眼单脚站立能坚持74s以上是最好的,能坚持13~29s算中等。

对于30~34岁的女性来说,如果你的身高在162~163cm之间,那么你的标准体重是51.5~68.7kg,如果大于72.6kg或不足48kg,就有问题;你的肺活量大于3242ml最棒,2340~2759ml之间为中等;1分钟仰卧起坐最好的是在28次以上,11~19次为中等;闭眼单脚站立最好是坚持72s以上,13~28s之间算中等。

如果你关心家中的小宝宝身体发育得好不好,这里也有几项标准——比如3岁的小男孩,如果身高超过104.1cm,那就是发育得相当快了,95.5~99.3cm则为中等;如果他的身高在96~97cm之间,那么他的体重最好是在13~16kg之间;立定跳远,最棒的是在76cm以上,43~58cm为中等;网球掷远,最棒是在5.5m以上,3~3.5m为中等。

对于3岁的小女孩来说,身高超过103cm,是发育相当快的,94.7~98cm之间为中等;如果她的身高在96~97cm之间,体重最好在13.3~16.2kg之间;立定跳远,最好是在71cm以上,40~54cm为中等;网球掷远,最好在5m以上,2.5~3m算中等。

总之,体质的测定是根据多项指标综合打分的结果,有兴趣的读者可以到各地建立的体质测定站去进行综合测试。

十八、测定标准包含哪些项目

体质,顾名思义,就是身体的质量。我们的身体质量到底怎么样?现在你可以用一套统一标准来给自己打打分了。

这套统一标准就是国家体育总局会同国家有关部门制定的《国民体质测定标准》及《国民体质测定标准施行办法》。大致包含以下几个方面：

一是形态发育水平，包括形体、体格等；

二是身体的机能，指身体各器官的效能，如心肺机能、消化机能等；

三是身体素质，即人体的基本活动能力，如力量、耐力、灵敏度、柔韧度、协调能力等；

四是心理因素，即心理健康程度；

五是适应能力，既包括对自然环境的适应能力，也包括对社会环境的适应能力，前者包括对不同温度、气压变化的适应能力和对疾病的抵抗能力等，后者包括对人际关系的变化、突发社会事件的承受能力等。

因此总体来说，所谓身体质量的好坏是一个相当复杂的系统。

据悉，我们现在制定的《国民体质测定标准》只是一个普及性的标准，它希望达到的目标是让95%以上的国民都能来参与这个测定，因此它所制定的指标和所采用的仪器设备都只能是最基本的。

目前有些方面能力的测定找不到合适的指标。比如心理因素，现在只能通过问卷形式进行测试；再如适应能力，也很难找到合适的指标进行测试。因此，现在的测试指标只包括身体形态、身体机能、身体素质这3个方面。

具体来说，以20~39岁的成年人为例，反映身体形态的指标是身高标准体重，即一定的身高所对应的体重范围；反映身体机能的指标是反映人体肺的容积和扩张能力的肺活量，以及反映人体心血管系统机能水平的台阶试验；反映身体素质的指标有反映力量素质的握力、俯卧撑（男）、1分钟仰卧起坐（女）、纵跳，反映柔韧素质的坐位体前屈，反映灵敏素质的选择反应时,反映平衡能力的闭眼单脚站立。

而幼儿的情况则有所不同,测试指标只包括身体形态和身体素质两类,其中反映身体形态的指标是身高和身高标准体重,反映身体素质的指标有 10 米折返跑、立定跳远、网球掷远、双脚连续跳、坐位体前屈、走平衡木等 6 项。

第五节　讲求养生之道

一、养生与健康

人们对健康指标的关注,实际上就是对身体健康的关注。健康,自古以来就是人类的共同愿望和人类普遍关心的一件大事。特别是随着精神生活的日益丰富和物质生活水平的不断提高,人们越来越渴望健康,盼望长寿。

我们都需要通过对指标的了解,认清自己的身体状况。通过这些指标,有的人可能会得知自己的身体不错,有的人可能会得知自己的身体处于亚健康状态,有的人可能会得知自己患有某些不太容易治疗的疾病……总之,许多人会遇到自己不需要去医院或者去医院也不能立刻解决问题的情况。遇到这样的情况,学会养生就显得非常重要了。因为,养生是保持健康、促进健康的重要手段。

养生是扎根于中华大地古老而又常新的学问。各种养生都是通过调

身、调息、调心等操作程序以修炼人身三元——精、气、神而达到恢复或保持健康正常指标、强身健体、防病祛病、延年益寿的目的。

早在两千多年前就已成书的《黄帝内经》里就非常明确地写道："余闻上古之人，春秋皆度百岁，而动作不衰；今时之人，年半百而动作皆衰者，时世异耶？人将失之耶？岐伯对曰：上古之人，其知道者，法于阴阳，和于术数，食饮有节，起居有常，不妄作劳，故能形与神俱，而尽终其天年，度百岁乃去。今时之人不然也，以酒为浆，以妄为常，醉以入房，以欲竭其精，以耗散其真……故半百而衰也。"这段话形象地阐明了养生与健康指标的关系。"半百而衰"确实是健康指标不正常的表现，古人认为人之所以会这样，就是由于不懂得或不实行养生之道。这段论述指出了健康指标保持正常的关键就是人们懂得和实行了养生之道。

养生是一种综合的维持健康指标正常的行为，它追求的不仅仅是一时健康，更重要的是追求人际正常指标的长期稳定，让人活得更健康、快乐。

人在身体状态好的时候常常想不起要对自己的身体进行保养、保护，总认为疾病不会降临到自己的头上，直到老了才想起来要追求健康，这就像人在富有的时候不积攒，直到一贫如洗之后才知道攒钱一样，虽然很努力，但已经于事无补了。"冰冻三尺，非一日之寒。"正常的身体指标是在日常生活中遵守自然规律以及保持良好的生活习惯而形成的，只有使自己的身体和五脏六腑保持良好的状态，才能达到让身体指标保持正常状态的目的。

对于健康指标，每个人都有自己的见解。有人认为，生活水平高，多吃营养品，心宽体胖，健康指标就能够正常，所以很多人认为哪些食品最有营养或看到广告宣传某某保健品好就买来食用，也不管自己身体是否能够承受。这样是不可能维持正常健康指标的。

说到本质，健康指标的正常是要以人体内部的平衡为基础的，而平衡又是相对的。例如，现在很多人追求减肥，殊不知减肥也是有风险的，不同年龄的人有不同标准，不是人人都需要减肥。有人就是因为盲目减肥，导致营养不良，甚至减出了重病。

养生是健康指标正常的前提，健康指标正常是养生的结果，通过养生，我们能够达到使健康指标正常的目的。但是养生不是说说就能做到的，需要了解有关人体的基本知识，比如中医对人体的认识和五脏六腑的解意以及日常饮食、起居、自然条件的变化，只有了解了这些相关的知识，才能正确地进行养生，保证身体的指标一切正常。

二、好习惯铸就好身体

身体指标一切正常是现代人梦寐以求的理想。其实这个理想并不难实现。人虽然不能不生病，但可以通过改变不良生活方式、饮食习惯等，尽量保证自己的身体机能一切正常，让生命之花完全绽放而不凋谢。所以说，想拥有一张标准的身体指标正常数据表，在日常养生中养成良好的生活习惯是第一要务，而这也是开始养生的第一步。

在日常生活中，生活习惯人人都有。有的人为追求清静无为，每天闭门谢客，静坐养神；有的人认为生命在于运动，不顾年龄和体质，过度从事爬山或长跑等剧烈运动；有的人执著于精神快乐，夜以继日搓麻将不止……这些做法都有违养生之道，会让人的身体指标急剧恶化，使人不仅不能健康，反而被疾病缠身。

养成良好的生活习惯其实并没有多么困难，也没有多么复杂。实际上，在我们日常生活的诸多细节中，吃、喝、拉、撒、睡等都有有利于养生保健的原则和方法。这些养生方法简便、可行，很容易落实到每个人的日常行动中。

1.养成良好的饮食习惯

因为早起赶时间的关系,现在年轻人中不吃早餐的人越来越多。这是一个不好的习惯。早餐是人每天第一次的能量供应,对于人开始一天的学习、工作以及维持身体指标正常很重要,不吃早餐,容易感到疲倦,头晕无力,天长日久就会造成营养不良、贫血、抵抗力降低,并会产生胆结石。

不过,不要以为早餐光吃得饱就可以了。俗话说:“早餐吃得饱,午餐吃得好,晚餐吃得少。”有人因此认为早餐只需要吃得够饱就可以了,其实不然。早餐是一天当中最重要的一顿饭。一顿好的、高蛋白的早餐可以使血糖指标在较长的时间里保持正常的水平。早饭除应有热饮料如咖啡或茶外,还应有谷类食品(燕麦做的食品),动物蛋白质(牛奶、酸牛奶、鸡蛋),水果或果汁,以及含有少量的脂肪和糖的食品。所以说,早餐不仅要吃得饱,而且要吃得好。吃完高蛋白的早饭以后,血糖在 15 分钟内由空腹时的 70~80 mg,上升到 140~150 mg(正常血糖水平在 80~120 mg)。而我们生命活力的能量来源,就是正常或高于正常血糖水平的血糖。

值得注意的是,不管是三餐中的哪一餐,虽然都要吃饱,但这个饱却是有一个量的。不要吃得过饱,饱食容易引起记忆力下降,思维迟钝,注意力不集中,应激能力减弱。经常饱食,尤其是晚餐过饱,因热量摄入太多,会使体内脂肪过剩,血脂增高,导致脑动脉粥样硬化,还会引起一种叫“纤维芽细胞生长因子”的物质在大脑中数以万倍地增长。这是一种促使动脉硬化的蛋白质。脑动脉硬化的结果会导致大脑缺氧和缺乏营养,影响脑细胞的新陈代谢。经常饱食,还会诱发胆结石、胆囊炎、糖尿病等疾病,使人未老先衰,寿命缩短。粗细都吃,荤素相兼;饭后要喝汤;如果觉得饿,每天可以多吃几顿饭。

在控制进食量的同时,我们还要注意饮食的营养,坚持每天吃维生素。如含有维生素 C、维生素 E 的卷心菜、菜心、花生等,有助于淡化和分解已经形成的黑色素,还能抑制新生的黑色素,防止黑色素沉淀,并加速黑色素从表皮或经血液排出体外。

不仅应该按时吃饭,控制食量,多摄取营养,还应该在吃饭前先喝一碗汤。人们已经发现,在吃饭前喝点儿热汤,对控制体重的增加是有好处的。根据调查,饭前先喝热汤的人,每餐摄取的热量往往要少 55 卡。一般说来,吃饭快的人容易发胖。这是因为大脑的食欲中枢接受“已吃饱”的信号需要一定的时间。那时,吃饭快的人已经吃下了过量的食物。如果饭前喝一碗汤,则可以减少饭量,从而防止发胖。

当吃过饭以后,有人因为觉得肚子胀得难受,常常把裤腰带松开。这也是个不好的习惯。饭后松裤腰带可使腹腔内压下降,使消化器官的活动与韧带的负荷量增加,从而促使肠子蠕动加剧,发生肠扭转,使人腹胀、腹痛、呕吐,容易患胃下垂等病。

现在的女性喜欢减肥,为了少吃饭,大量地食用水果。这也是一种错误的习惯。过量地食用水果,会使体内积蓄大量维生素 C,进而产生草酸。草酸与人体汗液混合排出,会损伤皮肤,使皮肤变得粗糙,严重者还会产生药物过敏性皮炎。吃水果应根据不同季节和不同病症适量加以选择。如:秋、冬季,天气干燥,应选择有利尿解热作用的雪梨或有润肠作用的香蕉、苹果;长期咳嗽的人,应多吃些性寒味甘,有润肺、消炎止咳功能的梨;肠胃消化不良,老年性心脏衰弱、冠心病和高血脂病患者常吃山楂,大有裨益。

和水果一样,鸡蛋也是一种不能过量食用的食物。鸡蛋本身富含营养物质,确实是一种男女老少皆宜的滋补品。有人觉得鸡蛋营养丰富,因此主张多吃,以为摄取的鸡蛋越多,增加的营养物质就越丰富。其实,这完全是个误解。据测定,按人体对蛋白质的需要量,每天吃 1~2 个鸡蛋就足够了。鸡蛋的吃法很多,但以下面两种食用方法为佳:一是将蛋拌在汤内,或用滚开水冲服,这样有利于消化吸收;二是煎荷包蛋并加适量白糖,这样营养效果最显著。

现在提倡人们饮用牛奶,因为牛奶中含有很多人体需要的营养。不过,喝牛奶也要养成好习惯,不要空腹喝。牛奶中的蛋白质经过胃与小肠消化成氨基酸才能在小肠被吸收,而空腹喝牛奶时胃排空很快,蛋白质还来不及被吸收即排到大肠,这样不但造成营养的浪费,而且蛋白质还会在大肠内腐败成有毒物质。

不仅喝牛奶有讲究,就连喝水也是有大学问的。

一般说来,我们平均每天最少要喝 1500 ml 的水。除了患有特殊疾病(例如心脏机能或肾脏机能不足)的人之外,我们喝的水一般都显得不够,特别是家里或工作场所太暖或开了冷气机而致空气干燥的时候。我们最好在三餐之间和用餐时常常喝水,不过每次不要喝得太多。而且,我们还要注意不喝 5 种开水:

①在炉灶上沸腾了很长时间,饮用水已经是温吞水;

②装在热水瓶里已好几天,成了不新鲜的温开水;

③经过多次反复煮沸的残留开水;

④开水锅炉中隔夜重煮和未重煮的开水;

⑤蒸饭、蒸肉后的水。

这几种开水之所以不适宜饮用,简单地说,是因为反复沸过的开水中所含的钙、镁、氯、重金属等微量成分增高了，会对人的肾脏产生不良影响。而温吞水中亚硝酸盐容易增多。喝一定量含这种物质的水，会使人在十几分钟或1~3小时后发生亚硝酸盐中毒，出现组织缺氧、心慌、气短、口唇和指甲甚至全身皮肤紫绀，并有头晕、头痛、嗜睡或烦躁不安、呼吸急促、血压下降等症状，对人体健康影响很大。同时，亚硝酸盐进入人体后，在胃酸的作用下，还会生成一种有毒性的亚硝氨。

不仅烧水时间不能过长，煮沸咖啡的时间也不能过长。人们喜爱喝咖啡，是因为它味道芳香可口，并能使神经系统兴奋。为了使其香味不变，咖啡不宜长时间地煮沸。这是因为蒸汽泡会携带部分芳香物质，并聚集在咖啡表面，形成泡沫，而咖啡香味取决于泡沫的密度。烧开后的咖啡继续沸煮，会导致泡沫被破坏，使芳香物质随蒸汽跑掉。最好是在咖啡烧好后马上饮用，因为放凉了泡沫也会遭到破坏。

为了防止循环系统指标失常，平时在饮食中我们还要注意：

①不吃太咸的食物。钠在人体内滞留，容易形成或加重高血压和心脏病。

②空腹时不要吃糖。越来越多的证据表明，空腹吃糖的嗜好时间越长，对各种蛋白质吸收的损伤程度越重。由于蛋白质是生命活动的基础，因而长期空腹吃糖，更会影响人体各种正常机能，使人体变得衰弱以致缩短寿命。

2.养成良好的生活细节习惯

吸烟是现在许多人的爱好之一，而且，香烟也正是一直危害健康正常指标的凶手之一。吸烟者皮肤出现皱纹的年龄比不吸烟者大约早10年。最明显的是吸烟会使唇部水分散发，从而令嘴唇变得又黄又干枯，出现唇纹。并且，吸烟的人患肺癌或其他呼吸系统疾病的几率远高于不吸烟的人。

如果不愿意戒烟，那至少也应该不在清晨时吸烟。人苏醒时新陈代谢尚未恢复到正常水平，呼吸的频率较慢，体内积滞的二氧化碳较多，这时吸烟会使支气管因抽烟的刺激而出现痉挛收缩，使二氧化碳的排出受阻，从而产生气闷、头晕、乏力等症状。

还有的人喜欢在上厕所时看报纸。这其实也是不良习惯。排便是人的神经低级和高级中枢共同参与的活动，许多人习惯于拿上一份报纸或一本书，一蹲就是小半天。如厕看书报会使排便意识受到抑制，使直肠失去对粪便刺激的敏感性，久而久之会引起便秘。

洗澡是人保持卫生的方法，经常洗澡也是一个非常好的习惯。但是，洗澡时间也不能过长。洗澡时，热水产生出大量的水蒸气，附在水中的有毒物质如三氯乙烯、三氯甲烷等分别被蒸发 80%和 50%以上。有些有毒物质随蒸汽而被身体部分吸收，进入血液循环系统，危害很大。而且，在较热的水中洗澡时间过久，对心脏也不利。也不要使用过热的水洗澡。过热的水会带走皮肤表面的油脂，使肌肤因缺少水分而提前老化。

另外，洗澡要尽量多用淋浴。淋浴对人体有利，因为喷水的莲蓬头是一个很好的阴离子发生器。当莲蓬头喷射细水流时，会在空气中产生大量的阴离子。阴离子是一种特殊的维生素，可以促进人们的新陈代谢，有利于肌体生长、发育和排泄废物，提高人体免疫力，有降低血压、镇咳、消除疲劳、催眠等作用。因此，人们在淋浴时会感到很舒服。

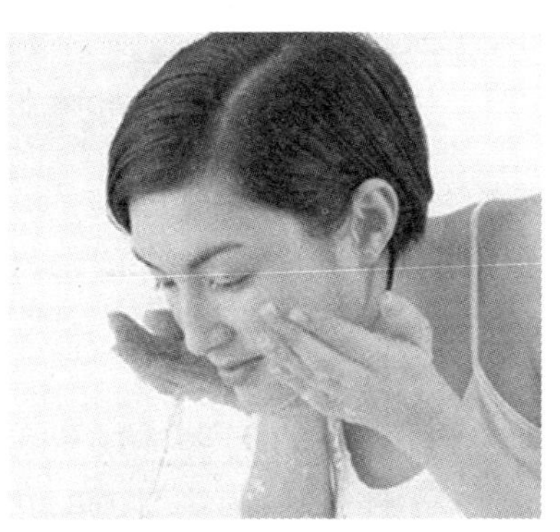

洗脸同洗澡一样，是保持卫生的重要步骤。其实，人应该多洗脸，尤其别忘记看完电视后再次洗脸。电视机开启后，机内电子流对荧光屏不断轰击，荧光屏表面会产生静电荷。静电荷对荧光屏周围含有大量微生物和粒子的灰尘有吸引作用。看电视过久，这些灰尘会附着在人的皮肤上导致皮肤病(常出现面部斑疹)，因此看电视时不能离荧光屏太近，看电视时间也不宜太长，看完后最好用温水洗脸。

随着生活水平的提高，现在养鸟的人越来越多了。养鸟可以陶冶性情，愉悦身心，但鸟笼的摆放不正确，却可能损害人的健康。寝室、厨房与客厅内就不应该养飞鸟。因为鸟类要随时排便，鸟粪中常带有鹦鹉病毒、岛型结核杆菌及寄螨，鸟粪被鸟踏碎以后，病毒与病菌便飞扬在空气中，这对身体健康很不利。若人体长时间吸入，会诱发呼吸道黏膜充血、咳嗽、痰多、发烧等症状，严重者还会出现肺炎与休克。

其实，最好的健身方法还是多运动，保持体形。臃肿的身材和浑身的脂肪都会让你显得老态龙钟。走路时要挺胸抬头。当你抬头挺直腰时，胸膛会挺起，肺活量可增加 20%～50%，空气吸入多，身体组织所获得的氧气量也就随之增多。当一个人获得较多氧气供应时，身体就不易疲倦。同时，抬头也减轻腰骨痛，因为挺胸的姿势会减少脊椎的弧度。

3.养成良好的睡眠习惯

午睡时不趴桌子睡。一般人在伏案午睡后会出现暂时性的视力模糊,原因就是眼球受到压迫,引起角膜变形、弧度改变。倘若每天眼球都受到压迫,会造成眼压过高,长此下去视力就会受到损害。

医生指出趴桌睡午觉的三大危害

医生提醒

人们尽量不要头枕着手臂休息

趴在胳膊上睡觉,多处神经会受到压迫,午睡时往往心中焦虑、睡不踏实

趴着睡觉眼球会受到压迫,午睡后通常会出现暂时性视力模糊。如果长时间这样,会造成眼压过高,视力受损,久而久之会使眼球胀大、眼轴增长,形成高度近视,同时也容易增加青光眼的发病率

趴着睡觉,长期压迫手臂和脸部,会影响正常血液循环和神经传导,使两臂、脸部发麻甚至感到酸痛,如果不加注意,时间长了会导致局部性神经麻痹或使脸部变形

睡觉时尽量不要俯睡。俯睡使脊柱弯曲,增加肌肉及韧带的压力,使人在睡觉时仍然得不到休息。此外,还会增加胸部、心脏、肺部及面部的压力,导致睡醒后面部浮肿,眼睛出现血丝。

晚上睡觉前要洗脸,否则,留在脸上的油污或化妆品会引起粉刺和针眼之类的炎症,还能使眼睛发炎,引起皮肤过敏反应。

不仅要洗脸，睡前还要刷牙。睡前刷牙比起床后刷牙更重要，这是因为遗留在口腔中和牙齿上的细菌、残留物在夜里对牙齿、牙龈有较强的腐蚀作用。

人的睡眠并不是时间越久越好，从儿童到老人，都有最佳睡眠时间，不要睡懒觉。睡懒觉使大脑皮层抑制时间过长，天长日久，可以引起一定程度人为的大脑功能障碍，导致理解力和记忆力减退，还会使免疫功能下降，扰乱肌体的生物节律，使人懒散，产生惰性，同时对肌肉、关节和泌尿系统也不利。另外，血液循环不畅，全身的营养输送不及时，还会影响新陈代谢。由于夜间关闭门窗睡觉，早晨室内空气混浊，恋床很容易造成感冒、咳嗽等呼吸系统疾病的发生。

要想不睡懒觉，一个必要措施就是保证睡眠。生活有规律，能让人马上恢复精神和体力。如果一晚上没有睡觉，你的皮肤就很容易出现问题，很可能要一个月才能解决。

另外，睡觉时窗户最好不要紧闭。人入睡后，每分钟要吸入 300 ml 氧气，呼出 250 ml 二氧化碳，如果门窗紧闭，密不透风，不消 3 小时，室内二氧化碳量就会增加 3 倍以上，细菌、尘埃等有害物质也会成倍增长。因此，睡觉时应留些窗缝，以便让室外新鲜空气不断流入，室内二氧化碳及时排出。

睡醒起床时不要立即叠被。人体本身也是一个污染源。在一夜的睡眠中，人体的皮肤会排出大量的水蒸气，使被子不同程度地受潮。人的呼吸和分布全身的毛孔所排出的化学物质有 145 种，从汗液中蒸发的化学物质有 151 种。如不让被子吸收或吸附的水分和气体散发就立即叠被,易使被子受潮及受化学物质污染。

4.其他值得注意的生活习惯

①避免与那些生性郁郁寡欢的人过多接触,以免影响自己的情绪。

②保持自己对外界新事物的新鲜感,有这样的生活态度和情调能令人显得精神焕发。

③不要故意模仿那些年轻学生,试图令自己年轻。年轻和幼稚是有区别的,一味做作的模仿只会招致外人怀疑困惑的眼光。

④尽可能地了解自己的身体症状。预防胜于治疗,了解身体健康状况,并及早进行预防或治疗,可免除疾病恶化的可能。

⑤涂抹一些含维生素 C 的产品,保持面色红润,即使不涂口红也很精神。

⑥适当的运动能加快血液的循环,有助于细胞吸氧,每周 3~5 次,每次 20~30 分钟的有氧运动会让肌肤变得红润年轻。

⑦穿衣服不求过于暖和。穿衣戴帽不要过于暖和,也不可过于单薄,过暖容易感冒,过冷容易受寒。

⑧不无所事事。终日无所事事,会丧失对生活的情趣而心灰意懒,所以即使退休在家,也应勤于动脑,散步聊天、写字作画、下棋看戏等,这样能保持心情舒畅,益于延年增寿。

⑨善于控制情绪。人逢喜事精神爽。但是喜不能喜过头,过喜则伤心,古人范进中举后变疯,即为过喜所致;有不顺心的事和烦恼的事,心底不平衡不要生气恼怒。怒则伤肝,伤肝就要发病,不要动肝火、发脾气,要有涵养,要乐观处世。

⑩不留胡子。胡子具有吸附有害物质的性能。当人吸气时,被吸附在胡子上的有害物质就有可能被吸入呼吸道内。通过对留有胡子的人吸

入的空气成分进行定量分析，发现吸进的空气中含有几十种有害物质，其中包括酚、甲苯、丙酮、异戊间二烯等多种致癌物。留有胡子的人吸入的空气污染指数，是普通空气的 4.2 倍。如果下巴留有胡子，又留八字胡，其污染指数可高达 7.2 倍。再加上抽烟等因素，污染指数将高达普通空气的 50 倍。

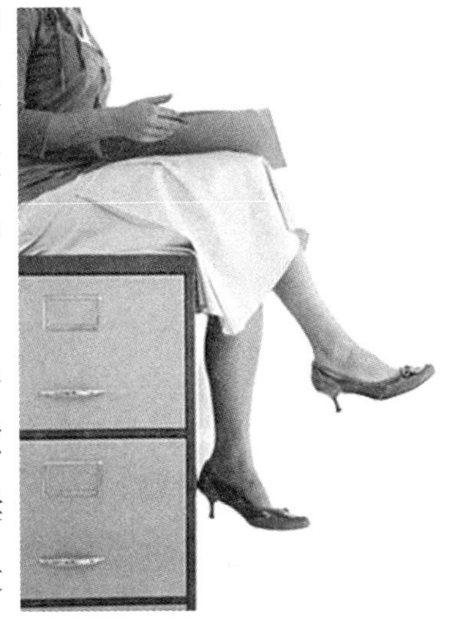

⑪不跷二郎腿。跷二郎腿会使腿部血流不畅，影响健康。如果是静脉瘤、关节炎、神经痛、静脉血栓患者，跷腿会使病情更加严重。尤其是腿长的人或孕妇，很容易患静脉血栓。

⑫不眯眼看东西、揉擦眼睛。眯眼看东西，眼角易出现鱼尾状皱纹。习惯性眯眼还可使眼肌疲劳、眼花头疼。揉眼时，病菌会由手部传染给眼睛，导致发炎、睫毛折断或脱落。

⑬不强忍小便。强忍小便有可能造成急性膀胱炎，出现尿频、尿疼、小腹胀疼等症状。美国科学家发布的一份研究报告指出，有憋尿习惯的人患膀胱癌的可能性比一般人高 5 倍。憋尿时，膀胱储存的尿液不能及时排出，形成人为的尿潴留。如经常憋尿，就会使括约肌和逼尿肌常常处于紧张状态；如果憋尿时间过长，膀胱内尿量不断增加，还会使内压逐渐升高，时间长了就会发生膀胱颈受阻症状，造成排尿困难、不畅，或漏尿、尿失禁等毛病。在尿潴留时还易引起并发感染和结石，严重时还影响肾功能。

⑭生活节奏要轻松。一些从事脑力劳动和做生意的中青年人,他们的生命机器整日超负荷运转,由于在心理上的竞争欲强,他们在生理和心理方面皆承受着巨大的压力。过度的脑力和体力劳动后,随之而来的是抗疲劳和防病能力的减弱,进而可能引发多种疾病。

附录：贴心小提示

一、吸入粉尘能否致病

教师常需在黑板上书写、绘图进行讲解。在45~50分钟的一节课里就要擦写数次，下课时，在手上、袖子上，甚至头发、肩膀上都留下一层白色粉笔灰。天天如此，年复一年，工作二三十年后，消磨了数以万计的粉笔，也不可避免地从鼻孔吸入一些粉笔灰。吸入粉笔灰是否致病，是广大教师至为关切的问题。粉笔是由石膏制成的。石膏的成分是硫酸钙。石膏性能稳定，无毒。数千年来，用生石膏（含有结晶水的硫酸钙 $CaSO_4 \cdot 2H_2O$）煎服，外用煅石膏（熟石膏）敷患处，认为能清凉解热，生津止渴，生肌敛疮。用粉笔书写板书，是将石膏粉末涂在黑板上。擦拭黑板时，石膏粉尘（粉笔灰）在空气中短暂飘扬后坠落在黑板附近的物面和地上。其颗粒较大，多在100微米以上，较重，落下较快，在空中飘浮时间短。

据劳动卫生有关资料，生产、生活环境空气中的粉尘微粒，直径在10~20微米以上者，经鼻孔吸入时多数被鼻毛、鼻、咽、喉部阻挡，附着在黏膜小气道及肺泡。若是对机体有害的物质（如二氧化硅、石棉）在肺泡及小气道中积存较多，将对人体造成损害。

由上述可知，粉笔灰尘的颗粒较大，大多不会吸入下呼吸道，加上石膏本身对人体无毒，医学界至今也尚无因吸入粉笔灰引起肺部疾病的报道。我国劳动卫生部门，在职业尘肺的有关规定中，也没将粉笔灰作为尘

肺病的病因。尽管粉笔灰对人体并无大害,然而我国数以百万计的教师每天都要用粉笔写板书,每天都生活在擦拭黑板后掉落的粉笔灰尘中,仍可能引起鼻、咽、喉部不适。目前及今后相当长的时间,教师不可能不用粉笔写字,更不可能戴着口罩上课。因此,研究推广无灰粉笔,逐步推广用荧光笔在搪瓷板上书写,或使用书写投影仪、幻灯片等,不断更新教学设施、改善教师工作环境,保障教师健康仍然是必要的。

二、简单自测是否亚健康

1.鞠躬 VS 心脏

①首先静坐 5 分钟,测得每分钟脉搏数 A;

②然后身体直立,上体微向前屈,再还原,其实就是鞠躬的姿势,连续做 20 个(频率适中),测得脉搏数 B;

③休息 1 分钟,再测脉搏数 C。

将 3 次脉搏数相加,减 200,再除以 10。得出的结果在 0~3 之间,说明心脏强壮;在 3~6 之间,说明心脏良好;在 6~9 之间状态一般;在 9~12 之间恐怕你要时刻关注心脏的问题了;若是在 12 以上,还是尽快去看医生吧。心脏功能较弱的人可以多进行轻微的有氧运动,并注意心态的调试。

2.单脚立 VS 人体老化

被测者双手自然下垂,紧贴大腿两侧,用一只脚站立,另一人看秒表。根据其单脚独立稳定不移动的时间来判断老化程度。

测定标准为:30~39 岁为 9.9 秒;40~49 岁为 8.4 秒;50~59 岁为 7.4 秒;60~69 岁为 5.8 秒。站立时间越长,老化程度越慢。未达标准者,你的生理年龄已经高于你的实际年龄了,需要保养身体,保持心情愉悦。

3.屏气 VS 肺

虽然一刻不停地仰仗肺来呼吸,但没有什么比SARS突袭更能让人们意识到肺的重要。通过屏气可以察觉你的肺是否健康。游泳的时候或者盆浴的时候,先深吸一口气,然后将头埋进水里,屏住呼吸,再慢慢吐出,看能维持多长时间,当然是越长越好。

如果在30秒以上,就说明你的肺很健康;能达到1分钟,你的肺就十分强壮了。一个20岁左右的健康人,甚至可以持续屏气90~120秒。要想提升肺的健康质量,可以在空气良好的环境里做深呼吸,并主动咳嗽,这样可以排出沉积在肺中的杂质。

4.爬楼梯VS体力

以5层楼为限,30岁左右的人,一步迈两层台阶,能快速登上5层楼,仍觉得轻松,说明健康状况良好;50岁左右的人应该能一级一级登上5层楼,中途不休息,不用借助扶手,没有明显的气喘现象,说明健康状况不错。不论哪个年龄阶段的人,如果气喘吁吁,心跳加速,说明体力较差;登上3楼就又累又喘,意味着身体虚弱,应加强锻炼。

5.腰臀比VS肥胖

人们最怕随着年龄的增长体重也增长起来,于是天天叫着"减肥减肥",殊不知最要命的不是肥胖,而是由此带来的心血管疾病。世界卫生组织用腰臀比来衡量你是否肥胖。测量时放松站立,男性腰围和臀围的比例应小于0.8,女性则应小于0.7。根据美国运动医学学会推荐的标准,女性腰臀比在大于0.85时,就有发生心血管病的危险,应注意从饮食和运动上调理。

6.仰卧起坐VS妇科病

预防妇科病可以用锻炼腹肌的方法,最适宜的莫过于仰卧起坐,让肚皮下面的零件都跟着运动起来。30岁以下,仰卧起坐的最佳成绩应为45~50个/分钟;30岁最好做到40~45个/分钟;40岁应做到35个左右/

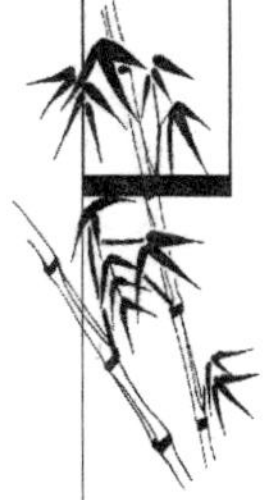

分钟;50 岁应努力达到 25~30 个/分钟。

腰腹肌力量的加强对身体可以说有百利而无一害,除了塑造身材、预防盆腔炎等各种妇科疾病 ,还可以提升性生活质量。

三、讲——慢性咽炎声音沙哑

1.医生诊断

教师用嗓子非常频繁。由于用声过多,没有注意嗓音 ,沙哑、失声的慢性咽炎成了常见病。海淀医院呼吸内科何平主任介绍,慢性咽炎主要是经常说话造成的,是咽黏膜、黏膜下组织和淋巴组织的弥漫性炎症,局部活动充血、发红。

慢性咽炎在中年教师中比较普遍,大都是急性咽炎没得到及时治疗或反复发作的结果。患上慢性咽炎的人会经常感到咽喉干燥、灼热,又疼又痒,尤其是过度劳累和气候变化的时候最明显,说话声音非常沙哑,有的人甚至出现短暂失声。清晨还会咳出黏稠痰块,经常短促而频繁地咳嗽,早上最剧烈。

此外,烟酒过度也会刺激咽喉,如果您本来就有慢性鼻炎、鼻窦炎等经常鼻塞的疾病,那么张口呼吸粉尘也能引起慢性咽炎。

2.推荐

可以在医生的指导下服用抗生素和类固醇激素。中成药可以选择金嗓开音丸、清音丸,或金嗓子喉宝、甘草良咽、健民咽喉片等含片,嗓音在5~7 天内可以慢慢恢复。

3.贴心提醒

教师的嗓音非常重要,需要多加呵护。我们提醒您用跑步、打球做锻炼,这样不但能增强体质,还会增大肺活量,为吸气、呼气和发音奠定良好的基础。

运动之余还要保证充足的睡眠和休息,让劳累一天的发声器官功能得以恢复。平时要注意天气变化,保持咽喉清洁,戒烟少酒,少吃过热、过凉和辛辣的食品,不妨多喝一些胖大海泡的茶,感觉咽喉不舒服尽量少说话,少大声说话。

给您推荐一种"计数呼吸训练法",吸气时默念"123",呼气时默念"4567",呼气阶段数字量要多于吸气阶段,数字之间间隔均匀。这种方法简单易行,若持之以恒可以锻炼呼吸肌,改善发音。

四、写——长期伏案肩颈疼痛

1.医生诊断

肩颈痛这类病是软组织的慢性损伤。疼痛经常反复发作,但没有明显的外伤,也没有明显炎症,这种疼痛却和工作过度有关。

教师需要长时间伏案低头工作,姿势持续固定不变,尤其是 40 岁以上的中老年人特别容易肩颈痛。虽然多数人的肩颈痛只是局部软组织的慢性损伤,酸痛并没有构成严重损害,但长时间持续的疼痛就会影响正常的工作和生活。不仅如此,少数严重的人还会患上颈椎病,压迫脊髓,损伤神经。

2.推荐

休息的时候,可以用外用药膏进行按摩,以改善局部血液循环,疼痛明显的人可以在医生的指导下进行颈部牵引,适当服用消炎痛等,但要注意药的副作用。

3.贴心提示

很多老师工作一投入就废寝忘食,忽略了疲劳和慢性损伤对身体的磨损。因此,提醒您一定得像保养汽车那样关心自己的身体。尽量避免长期不变的伏案姿势,隔一两个小时就稍休息一会儿,做做颈椎操,让颈部前屈、

后伸、左右旋转及回环运动。平时可以多游泳、打球，周末到郊外走走，有利于肌肉疲劳的恢复。另外，睡觉的时候，枕头可以偏高点儿，尽量松软。

五、站——静脉曲张腿脚肿胀

1.医生诊断

下肢静脉曲张在教师中特别常见，这是一种由持久站立、体力活动强度大引起的病。教师长时间站着，下肢静脉中的血液长时间不能向心脏回流，都积在腿和脚的静脉里，腿脚肿胀不说，腿上还会出现像蚯蚓一样的青筋，严重的人腿还会变黑，出现湿疹、溃疡，慢慢连站都站不住了，只能手术。

2.推荐

一般静脉曲张在年轻的时候就很容易患上，但是年轻人往往不注意，非等到上岁数再治。静脉曲张通常没有适当的外敷药，而是用静脉注射硬化剂进行注射治疗，但注射容易出现并发症，所以最好的治疗就是手术。

3.贴心提示

避免静脉曲张最好的方法就是尽量少站着，不过教师们在讲台上站着授课是在所难免的，但站着的时候可以经常活动着点儿，来回走走，腿脚也能得到适当缓解。再就是您不妨贴身穿一双高弹的长筒袜，保护浅静脉，减轻压力。下了课或回家没事的时候，多用热水敷腿、泡脚，做做踝关节的屈伸活动，这也是种不错的缓解方式。

六、吸——慢性咳嗽支气管炎

1.医生诊断

别把支气管炎不当回事，一定要去医院看看。粉笔灰确实对教师身体有影响，虽然现在改用了“无尘粉笔”，但无尘绝不是没有粉尘，只是比普通粉笔扬起的粉尘少点儿而已。所以，长期大量地吸入，对慢性支气管炎等肺部炎症的发生有很大影响。

此外，慢性支气管炎还和多种外界及自身的致病因素有关，比如过敏、吸烟、上呼吸道感染等，特别是吸烟。长期繁重的教学任务，使吸烟成为很多老师提神醒脑之剂，但吸烟却损伤了支气管黏膜上皮组织，严重削弱了呼吸道自身的净化作用，造成呼吸道感染，导致咳嗽、咳痰、气喘等症状，严重的还能引起肺炎。

2.推荐

常用盐水漱口能帮助清除口咽炎症。适当吃一些有益肺、生津、化痰作用的中药，像百合、沙参、麦冬、杏仁、川贝母等；灵芝入药、炖汤也能增强免疫力，起到润肺的效果。

3.贴心提示

如果您患上了慢性支气管炎，千万别再抽烟喝酒了，那只会加重病情，不妨多吃点儿新鲜蔬菜、水果，尤其是菇类的，补充维生素和胡萝卜素，比抽烟好多了。另外，天凉时，为了避免气管炎复发，除了加强锻炼，最好带条围巾，别受凉。

平时上课的时候可以把粉笔沾湿一点儿再写，用湿布擦黑板，尽量多休息，最重要的是经常进行必要的体检，尤其是胸部 X 光检查。时限可以因人而异，年轻健康的教师可以每年体检一次，中老年教师，尤其是嗜烟者以及有肺病家族史、有慢性支气管炎的人，一定要在医生指导下做短期体检，如半年或 3 个月一次。

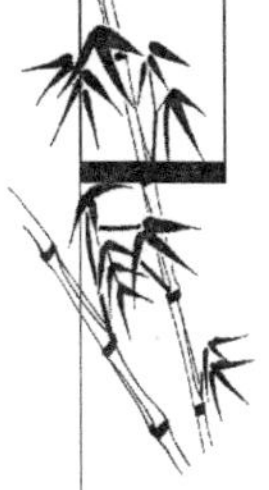

七、吃——胃肠道功能紊乱

1.医生诊断

压力大、精神高度紧张、饮食没规律是教师尤其是毕业班教师的通病,患上消化性溃疡是很常见的。胃肠功能紊乱是很多教师都有的毛病,主要是饮食由不规律造成的,胃疼、胃酸、胃胀这种功能性紊乱如果没发展到胃、十二指肠溃疡,人们通常是不重视的。

消化性溃疡是一种反复发作的慢性病 ,有的长达一二十年甚至终生,大量的临床资料都表明,心情紧张、压力大与胃肠道溃疡的发生有直接关系。吃饭不定时,有一顿没一顿,再加上强烈而持续的身心紧张,特别容易导致焦虑、愤怒、抑郁等情绪,使胃液分泌增加,导致胃酸和胃蛋白酶升高损伤胃和十二指肠,从而发生溃疡。

2.推荐

可以在医生指导下适当服用吗丁啉、胃得乐等加强胃动力的药,如果有胃出血的情况,可以喝一点儿牛奶、豆浆、米汤、藕粉等无渣的流食。

3.贴心提示

俗话说:“三分治七分养。”胃肠道的病调养是最重要的。所以,建议您把一日三餐提到议事日程上来,吃饭一定得定时定量,多吃含蛋白质、维生素的比较好消化的东西,少吃太冷、太热、太甜、太咸的东西,尽量别吃地瓜等容易产酸和生葱、白萝卜等产气的东西。其实,最重要的就是放松精神、避免过度劳累,多做运动,让自己时刻保持快乐的心情。

八、堵—— 障碍悄然降临

1.医生诊断

越来越多的人开始关注学生们的健康,却很少有人关注教师的健康。其实,现在教师的问题越来越普遍。

这种问题的出现,有外因也有内因。除了在教育制度上做根本改革,变应试教育为真正的素质教育外,最重要的是关心老师的健康,在教师中普及卫生知识,教他们学会疏泄不良情绪。

2.贴心提示

人在心情不好、发脾气的时候都容易冲动，这时候不妨把你的情绪发泄一下，比如找亲人朋友好好谈谈，或者痛快地哭一场，只是别把这种情绪发泄到学生身上。面对学生的时候，尽量让他们充满朝气的天真感染你，忘掉不快，保持好的心情，如果太难受，也可以选择休息一天，或是请别的老师代课，调整一下自己的心态。

平时多运动，像慢跑、游泳、打太极拳、散步这种缓和的运动有利于磨炼性格，消除抑郁和焦虑情绪。如果实在觉得心里难受，不妨向医生咨询。